TERAPIA COGNITIVA CON PAREJAS

BIBLIOTECA DE PSICOLOGIA
(Dirigida por José M. Gondra)

N.° 3.- MOTIVACION Y EMOCION, por *Charles N. Cofer.*
N.° 4.- PERSONALIDAD Y PSICOTERAPIA, por *John Dollard y Neal E. Miller.*
N.° 5.- AUTOCONSISTENCIA: UNA TEORIA DE LA PERSONALIDAD, por *Prescott Leky.*
N.° 7.- PERSONALIDAD (TEORIA, DIAGNOSTICO E INVESTIGACION), por *Lawrence A. Pervin.*
N.° 12.- GENERALIZACION Y TRANSFER EN PSICOTERAPIA, por *Goldstein-Kanfer.*
N.° 13.- LA PSICOLOGIA MODERNA. Textos, por *José M. Gondra.*
N.° 16.- MANUAL DE TERAPIA. RACIONAL-EMOTIVA, por *A. Ellis y R. Grieger.*
N.° 17.- EL BEHAVIORISMO Y LOS LIMITES DEL METODO CIENTIFICO, por *B. D. Mackenzie.*
N.° 18.- CONDICIONAMIENTO ENCUBIERTO, por *Upper-Cautela.*
N.° 19.- ENTRENAMIENTO EN RELAJACION PROGRESIVA, por *Berstein-Berkovec.*
N° 20.- HISTORIA DE LA MODIFICACION DE LA CONDUCTA, por *A. E. Kazdin.*
N.° 21.- TERAPIA CONGNITIVA DE LA DEPRESION, por *A. T. Beck, A. J. Rush y B.F. Shawn.*
N.° 22.- LOS MODELOS FACTORIALES-BIOLOGICOS EN EL ESTUDIO DE LA PERSONALIDAD, por *F. J. Labrador.*
N.° 24.- EL CAMBIO A TRAVES DE LA INTERACCION, por *S. R. Strong y Ch. D. Claiborn.*
N.° 27.- EVALUACION NEUROPSICOLOGICA, por *M.ª Jesús Benedet.*
N.° 28.- TERAPEUTICA DEL HOMBRE. EL PROCESO RADICAL DE CAMBIO, por *J. Rof Carballo y J. del Amo.*
N.° 29.- LECCIONES SOBRE PSICOANALISIS Y PSICOLOGIA DINAMIDA, por *Enrique Freijo.*
N.° 30.- COMO AYUDAR AL CAMBIO EN PSICOTERAPIA, por *F. Kanfer y A. Goldstein.*
N.° 31.- FORMAS BREVES DE CONSEJO, por *Irving L. Janis.*
N.° 32.- PREVENCION Y REDUCCION DEL ESTRES, por *Donald Meichenbaum y Matt E. Jaremko.*
N.° 33.- ENTRENAMIENTO DE LAS HABILIDADES SOCIALES, por *Jeffrey A. Kelly.*
N.° 34.- MANUAL DE TERAPIA DE PAREJA, por *R. P. Liberman, E. G. Wheeler, L. A. J. M. de visser.*
N.° 35.- PSICOLOGIA DE LOS CONSTRUCTOS PERSONALES, Psicoterapia y personalidad por *Alvin W. Landfield y Larry M. Leiner.*
N.° 36.- PSICODIAGNOSTICO CLINICO, por *Alejandro Avila y Carlos Rodríguez.*
N.° 37.- PSICOTERAPIAS CONTEMPORANEAS. Modelos y métodos, por *S. Lynn y J. P. Garske.*
N.° 38.- LIBERTAD Y DESTINO EN PSICOTERAPIA, por *Rollo May.*
N.° 39.- LA TERAPIA FAMILIAR EN LA PRACTICA CLINICA. Vol. I. Fundamentos teóricos, por *Murray Bowen.*
N.° 40.- LA TERAPIA FAMILIAR EN LA PRACTICA CLINICA. Vol II. Aplicaciones por *Murray Bowen.*
N.° 41.- METODOS DE INVESTIGACION EN PSICOLOGIA CLINICA, por *Bellack y Hersen.*
N.° 42.- CASOS DE TERAPIA DE CONSTRUCTOS PERSONALES, por *R. A. Neimeyer y G. J. Neimeyer.*
BIOLOGIA Y PSICOANALISIS, por *J. Roj Carballo.*
N.° 43.- PRACTICA DE LA TERAPIA RACIONAL EMOTIVA, por *A. Ellis y W. Dryden.*
N.° 44.- APLICACIONES CLINICAS DE LA TERAPIA RACIONAL EMOTIVA, por *Albert Ellis y Michael E. Bernard.*
N.° 45.- AMBITOS DE APLICACION DE LA PSICOLOGIA MOTIVACIONAL, por *Luis Mayor y Francisco Tortosa.*
N.° 46.- MAS ALLA DEL COCIENTE INTELECTUAL, por *Robert, J. Sternberg.*
N.° 47.- EXPLORACION DEL DETERIORO ORGANICO CEREBRAL, por *R. Berg, M. Franzen y D. Wedding.*
N.° 48.- MANUAL DE TERAPIA RACIONAL-EMOTIVA, Volumen II, por *Albert Ellis y Russell M. Grieger.*
N.° 49.- EL COMPORTAMIENTO AGRESIVO, Evaluación e intervención por *Arnold P. Goldstein y Harold R. Keller.*
N.° 50.- COMO FACILITAR EL SEGUIMIENTO DE LOS TRATAMIENTOS TERAPEUTICOS, Guía práctica para los profesionales de la salud, por *Donald Meichenbaum y Dennis C. Turk.*
N.° 51.- ENVEJECIMIENTO CEREBRAL. por *Gene D. Cohen.*
N.° 52.- PSICOLOGIA SOCIAL SOCIOCOGNITIVA, por *Agustín Echebarría Echabe.*
N.° 53.- ENTRENAMIENTO COGNITIVO CONDUCTUAL PARA LA RELAJACION, por *J. C. Smith.*
N.° 54.- EXPLORACIONES EN TERAPIA FAMILIAR Y MATRIMONIAL, por *James L. Framo.*
N.° 55.- TERAPIA RACIONAL-EMOTIVA CON ALCOHOLICOS Y TOXICOMANOS, por *Albert Ellis y otros.*
N.° 56.- LA EMPATIA Y SU DESARROLLO, por *N. Eisenberg y J. Strayer.*
N.° 57.- PSICOSOCIOLOGIA DE LA VIOLENCIA EN EL HOGAR, por *S. M. Stith, M. B. Williams y K. Rosen.*
N.° 58.- PSICOLOGIA DEL DESARROLLO MORAL, por *Lawrence Kohlberg.*
N.° 59.- TERAPIA DE RESOLUCION DE CONFLICTOS, por *Thomas J. D'Zurilla.*
N.° 60.- UNA NUEVA PERSPECTIVA EN PSICOTERAPIA, Guía para la psicoterapia psicodinámica de tiempo limitado, por *Hans H. Strupp y Jeffrey L. Binder.*
N.° 61.- MANUAL DE CASOS DE TERAPIA DE CONDUCTA, por *Michel Hersen y Cynthia G. Last.*
N.° 62.- MANUAL DEL TERAPEUTA PRA LA TERAPIA COGNITIVA CONDUCTURAL EN GRUPOS, por *Lawrence I. Sank y Carolyn S. Shaffer.*
N.° 63.- TRATAMIENTO DEL COMPORTAMIENTO CONTRA EL INSOMNIO PERSISTENTE, por *Patricia Lacks.*
N.° 64.- ENTRENAMIENTO EN MANEJO DE ANSIEDAD, por *Richard M. Suinn.*
N.° 65.- MANUAL PRACTICO DE EVALUACION DE CONDUCTA, por *Aland S. Bellac y Michael Hersen.*
N.° 66.- LA SABIDURIA. Su Naturaleza, orígenes y desarrollo, por *Robert J. Sternberg.*
N.° 67.- CONDUCTISMO Y POSITIVISMO LOGICO, por *Laurence D. Smith.*
N.° 68.- ESTRATEGIAS DE ENTREVISTAS PARA TERAPEUTAS, por *William H. Cormier y L. Sherilyn Cormier.*
N.° 69.- PSICOLOGIA APLICADA AL TRABAJO, por *Paul M. Muchinsky.*
N.° 70.- METODOS PSICOLOGICOS EN LA INVESTIGACION Y PRUEBAS CRIMINALES, por *David L. Raskin.*
N.° 71.- TERAPIA COGNITIVA APLICADA A LA CONDUCTA SUICIDA, por *A. Freemann y M. A. Reinecke.*
N.° 72.- MOTIVACION EN EL DEPORTE Y EL EJERCICIO, por *Glyn C. Roberts.*

DR. FRANK M. DATTILIO

y

DRA. CHRISTINE A. PADESKY

TERAPIA COGNITIVA CON PAREJAS

BIBLIOTECA DE PSICOLOGÍA
DESCLÉE DE BROUWER

Título de la edición original:
Cognitive Therapy with Couples

Traducido por: ***Susana Gorbeña Etxebarria e***
Iñigo Tolosa San Juan

Henao, 6 48009 BILBAO

Printed in Spain
ISBN: 978-84-330-1079-7

Depósito Legal: SE-119-2004

Prólogo

En los últimos veinticinco años, la Terapia Cognitiva ha sido utilizada en un ámbito cada vez más amplio de trastornos emocionales y de la conducta. Su creciente aplicación ha sido bien documentada e investigada en áreas de tratamiento como la depresión, ansiedad, el abuso de sustancias, los trastornos de la alimentación y más recientemente con los trastornos de personalidad. Sin embargo, hay un campo en que aún se halla en pañales y es la aplicación de la Terapia Cognitiva a parejas en conflicto.

En mi último libro, *Love is never enough* (Beck, 1988), destinado al gran público, se especifican los aspectos prácticos y teóricos de la terapia cognitiva para parejas. Aunque sirvió de orientación para legos y profesionales interesados en implementarla, existía la necesidad de contar con una guía más específica para aquellos terapeutas que quisieran aplicar las técnicas y principios cognitivos a casos específicos.

Me llena de satisfacción que los Dres. Dattilio y Padesky hayan tomado la decisión de escribir un libro tan necesario. Al prepararlo, los autores se han servido de la literatura científica profesional y de sus propias experiencias clínicas con parejas en conflicto. Además, se ha incluido gran parte del trabajo pionero de los profesionales del Centro de Terapia Cognitiva de la Universidad de Pensilvania.

Los dos autores aportan a este libro una sólida experiencia. Frank Dattilio fue miembro de nuestro Centro de Terapia Cognitiva y ahora es Catedrático de Psiquiatría (Psicología). Con él he mantenido numerosas conversaciones sobre Terapia Cognitiva y de Parejas. Gracias a su amplia experiencia clínica el Dr. Dattilio ha aportado material clínico a mi propio libro y me ayudó a presentar conjuntamente muchos talleres y seminarios nacionales sobre la terapia cognitiva aplicada a individuos y parejas.

Desde hace siete años, Christine Padesky y yo formados un equipo docente y hemos ofrecido más de 20 talleres (incluyendo algunos de terapia cognitiva para parejas) en Estados Unidos y Europa. Christine es una innovadora maestra y a la vez una clínica con muy buen ojo para seleccionar estudios de caso. Su amplia experiencia en la enseñanza y supervisión, tanto de principiantes como de terapeutas cognitivos avanzados, le confiere una peculiar comprensión de los puntos fundamentales necesarios en el aprendizaje de la terapia cognitiva.

La gran experiencia docente de ambos autores en el campo de la terapia cognitiva se manifiesta en esta obra que cuenta con gran cantidad de casos clínicos que ilustran los pormenores de la terapia. La inclusión de un extenso caso en el Capítulo 7 ofrece un ejemplo de primera mano de un modelo en acción. Al venir de la práctica clínica, este caso es un buen ejemplo del tipo de situaciones con las que los profesionales del área pueden encontrarse.

Este libro contiene una concisa exposición de la Terapia Cognitiva para parejas y descripciones detalladas de procedimientos terapéuticos y de evaluación. Además de brindar una clara guía de la estructura y el curso de la terapia, Dattilio y Padesky ofrecen al lector excelentes estrategias para identificar y modificar esas creencias que a menudo interfieren en el proceso terapéutico.

La terapia cognitiva para parejas constituye un recurso excelente para los profesionales de la salud mental de cualquier modalidad que se ocupen de parejas en conflicto. Su estilo conciso hace este libro accesible para todos los terapeutas interesados en aprender la aplicación del modelo cognitivo a la terapia de parejas.

Aaron T. Beck, Profesor de Psiquiatría
Universidad de Pensilvania, Facultad de Medicina
Filadelfia, Pensilvania

Los autores

El **Doctor Frank M. Dattilio** se doctoró en Estudios Psicológicos en la Universidad de Temple y realizó sus prácticas clínicas postdoctorales en el Centro de Terapia Cognitiva de la Facultad de Medicina de la Universidad de Pensilvania. Es psicólogo colegiado y figura en el Registro Nacional de Proveedores de Servicios de Salud en Psicología. Es Miembro Clínico y Supervisor Reconocido por la Sociedad Norteamericana de Terapia de Pareja y Familiar. Es también Profesor Adjunto de Educación en la Universidad de Lehigh y Miembro Clínico del Centro de Terapia Cognitiva de la Universidad de Pensilvania. Su campo de especialización es la terapia individual, marital y familiar y es autor y coautor de numerosos artículos y capítulos sobre el tratamiento de trastornos de la conducta, ansiedad y problemas maritales. El Dr. Dattilio ha dado conferencias en Estados Unidos y Europa. Junto con el Dr. Arthur Freeman ha publicado *A case book in cognitive behavior therapy*, editado por Plenum Press en 1991.

Christine A. Padesky se doctoró en Psicología Clínica en UCLA y es fundadora y directora del Centro de Terapia Cognitiva de Newport Beach, California. Es también psicóloga colegiada y figura en el Registro Nacional de Proveedores de Servicios de Salud en Psicología. Es profesora adjunta en el Departamento de Psiquiatría y de Conducta Humana en la Universidad de California en Irvine. La Dra. Padesky es considerada como una de la principales instructoras de Terapia Cognitiva en Estados Unidos y el extranjero. Además de ser editora del *International Cognitive Therapy Newsletter*, ha escrito artículos y capítulos en libros sobre la depresión, trastornos de ansiedad, trastornos de personalidad y terapia cognitiva con mujeres. La Dra. Padesky es una de los coautores, junto con el Dr. Aaron T. Beck, de *Cognitive therapy of personality disorders* (Guilford, 1990).

Agradecimientos

Ambos autores dan las gracias a todas las parejas que con tanta valentía iniciaron la terapia para tratar de entender y cambiar la parte más importante y a menudo más arriesgada de sus vidas: la de sus relaciones. Cada pareja enseña algo a su terapeuta, especialmente en un campo tan cambiante como es el de la terapia cognitiva. Cada uno de nosotros también tiene sus propios mentores y colaboradores que han influido en nuestra evolución como terapeutas y escritores.

Primeramente, quisiera agradecer a mi mentor y profesor Aaron T. Beck, su incansable aliento y su apoyo en este proyecto. La ayuda que me brindó generó optimismo en las fases difíciles del proceso. También debo mucho a mi editor, Larry Ritt, siempre paciente y animoso durante el periodo de producción. Muchísimas gracias a mis colegas por su útiles comentarios de los borradores: Francis Gaal, Ruth Greenberg, Shelly Milestone y Conrad Weiser. También quiero expresar mi gratitud a los colegas del Centro de Terapia Cognitiva de Filadelfia por sus sugerencias. A nuestras mecanógrafas: muchas gracias a Lisa Golba y Deborah Singleton por su profesionalidad y a Carol Stillman por su consejo y comentarios editoriales.

Finalmente, agradezco a mi esposa e hijos su amor y apoyo durante mis múltiples ausencias mientras preparaba este manuscrito.

Frank Dattilio

Me gustaría agradecer a Aaron T. Beck su consejo y amistad en estos doce últimos años. Sus generosas ideas y oportunidades han formado mi carrera. Además de apreciar su ya reconocido talento como teórico, escritor e investigador, siempre me ha impresionado como terapeuta imparcial y, a la vez, solícito con sus pacientes. Le agradezco su aliento para que siga escribiendo.

Enseñar durante los últimos 10 años Terapia Cognitiva ha sido una experiencia enriquecedora. Quiero dar las gracias a los estudiantes postdoctorales de nuestro Centro, y especialmente a Craig Wiese que ha tratado a muchas parejas de distintas culturas. Así mismo, mi agradecimiento a los magníficos terapeutas que asistieron a los grupos de supervisión y programas intensivos de formación de nuestro centro. Sus preguntas me ayudaron a profundizar en la Terapia Cognitiva.

James Shenk y Gail Simpson leyeron los borradores del libro e hicieron comentarios de suma utilidad en base a su experiencia en el uso de la terapia cognitiva con parejas,

Finalmente, las conversaciones mantenidas durante ocho años con Kathleen Mooney sobre el modelo cognitivo sirvieron mucho para clarificar mis ideas del modelo cognitivo y especialmente mi actividad como terapeuta. Su creativa habilidad clínica, su aguda visión editorial y sus críticos análisis han sido de infinita ayuda en mi terapia, escritos, docencia y también en mis relaciones.

Christine Padesky

Prefacio

Los profesionales que tratan a parejas disfuncionales a menudo recuerdan cuan laboriosa puede ser la psicoterapia. Esto es particularmente cierto para quienes tratan parejas con problemas o en un periodo inestable de sus vidas. Entre 1960 y 1974, la tasa de divorcios creció de forma constante hasta alcanzar la cifra récord de un millón de divorcios al año. Hasta hace muy poco tiempo, en que decreció, esta cifra se mantuvo relativamente estable (Kelly, 1988). En parte como respuesta a esta sorprendente tasa de divorcios, se ha constatado un resurgimiento de los esfuerzos destinados a fortalecer el matrimonio con problemas que intenta mantener la familia nuclear y evitar los peligros del divorcio (Dattilio, 1989b). Por ello, la literatura de las dos últimas décadas ha enfatizado el desarrollo de modelos de tratamiento para parejas, con un interés especial en su aplicabilidad.

Este libro se ha escrito para profesionales de la salud mental que trabajan con parejas en conflicto o con problemas. Se diseñó para orientar a los profesionales en el uso del modelo cognitivo en la terapia de parejas y para dotarles de una pauta para implementar las diversas técnicas. El abordaje cognitivo no se limita al tratamiento de relaciones problemáticas sino que también ayuda a fortalecer y fomentar la armonía existente en las relaciones básicamente buenas.

Para aquellos terapeutas eclécticos que no siguen una modalidad de tratamiento particular, este libro presenta un modelo completo para intervenciones efectivas con parejas. Y para quienes tienen una forma particular de tratamiento, el libro puede utilizarse como una fuente adicional de técnicas para fortalecer su método terapéutico particular.

El libro contiene una revisión actualizada de la literatura sobre Terapia Cognitiva con Parejas y una panorámica de la Terapia Cognitiva en sí. La revisión de la literatura es general; quienes busquen una exposición más detallada y amplia de la investigación relacionada con la terapia cognitiva para parejas pueden consultar el trabajo de Baucom y Epstein (1990). Tanto la filosofía como la teoría de la terapia cognitiva con parejas se exponen en profundidad en este volumen, al igual que los métodos específicos usados para evaluar las relaciones disfuncionales. Se analizan detalladamente las técnicas de tratamiento incluyendo los aspectos cognitivos del entrenamiento para la comunicación. Otras secciones tratan el impacto de las creencias subyacentes surgidas de la familia de origen, los aspectos culturales y estilos de vida alternativos. Otros campos analizados son los de la infidelidad, la polarización y el tratamiento de parejas con trastornos psiquiátricos concurrentes (trastornos de la personalidad y depresión por ej.).

El estudio detallado de un caso tiene como objeto mostrar la aplicación "real" del modelo cognitivo. La selección del caso obedeció a que representa el tipo de problema que los terapeutas pueden encontrar en su trabajo con parejas con problemas y porque ilustra los pasos específicos del abordaje cognitivo en el tratamiento. También se incluye aquí una bibliografía recomendada. Idealmente, el libro debería usarse junto a un curso formal o taller de terapia cognitiva. De no ser así, recomendamos que sea leído primero en su totalidad y que se estudien bien las distintas secciones antes de aplicar cualquier técnica al tratamiento. También recomendamos la supervisión de los casos más complicados.

El contenido del libro surge de los trabajos de investigadores de la terapia cognitiva y de nuestro propio trabajo como clínicos (Nota: los nombres de los clientes y los pormenores del caso se han cambiado para preservar el anonimato en todo el libro). El orden de los autores fue determinado alfabéticamente ya que las contribuciones de ambos fueron iguales. Este libro lo planteamos como un eficaz recurso para los profesionales que deseen utilizar la terapia cognitiva con parejas.

Indice

3. Evaluación

4. Técnicas y procedimientos

1 Panorámica de la terapia cognitiva

EVOLUCION HISTORICA

En las dos décadas pasadas, la terapia cognitiva ha sido una de las modalidades de terapia de mayor crecimiento y popularidad (Patterson, 1980; Ritter, 1985; Smith, 1982). Efectivamente, 20 terapias ha sido definidas como "cognitivas" o "cognitivo-conductuales" (Mahoney y Lyddon, 1988). Por lo tanto, merece la pena definir qué se entiende por terapia cognitiva.

En este libro, se entiende por terapia cognitiva la teoría, terapia y modelos conceptuales desarrollados por Aaron T. Beck y sus colaboradores (Beck, 1976, 1988; Beck, Emery y Greenberg, 1985; Beck y cols., 1990; Beck, Rush y cols., 1979). Aunque la terapia se llama cognitiva, en realidad se enfatiza la interacción entre cinco elementos: ambiente (que incluye la historia evolutiva y la cultura), biología, afecto, conducta y cognición (Padesky, 1986).

El término cognitivo se usó para describir este modelo de terapia en el que interactuan cinco elementos porque, en los años sesenta y a principios de los setenta, la mayoría de las terapias prestaban poca atención a los aspectos cognitivos de los problemas del cliente en comparación con el afecto, biología, conducta o la historia evolutiva. Por ser la terapia de Beck una de las primeras en conceder importancia al impacto del pensamiento sobre los afectos, la conducta, la biología y la experiencia ambiental, fue natural que se le denominara "cognitiva". Sin embargo, el término produjo diversos malentendidos.

El primero es que algunos escritores y terapeutas piensan que la terapia cognitiva defiende que los pensamientos causan sentimientos o conductas. Esto es un mito. Ellis (1962), en su Terapia Racional Emotiva (otra terapia "cognitiva" desarrollada en los años sesenta) escribió que los pensamientos son causa de los afectos. Por contra, como modelo interactivo, la terapia cognitiva afirma que los pensamientos, conductas, sentimientos, biología y ambiente pueden influir sobre los demás.

En la terapia cognitiva se destacan los pensamientos porque la investigación de Beck mostró que las distorsiones en el pensamiento a menudo sirven para mantener estados de ánimo disfuncionales. Además, los cambios de creencias pueden producir cambios en los afectos o conductas. Por ello, los pensamientos son puntos claves de intervención en la terapia cognitiva. Sin embargo, esto no significa que el terapeuta cognitivo considere a los mismos como causa necesaria de la alteración psicológica.

Otro concepto equivocado sobre la terapia cognitiva es que es justamente sólo cognitiva. En realidad, los terapeutas cognitivos prestan especial atención al afecto y a la conducta. El segundo capítulo del clásico *Terapia cognitiva de la depresión* (Beck, Rush y cols., 1979) se titula "El papel de las emociones en la terapia cognitiva". En el capítulo se discute la importancia, dentro de la terapia cognitiva, de la emoción en la experiencia humana y la necesidad de que el terapeuta empatice con los sentimientos de su cliente.

Hace poco Beck señaló que no se puede hacer terapia cognitiva sin la presencia del afecto. El terapeuta debe ser lo suficientemente hábil como para hacer surgir el afecto si el paciente no lo expresa espontáneamente (Beck y Padesky, 1987). Además, los terapeutas cognitivos necesitan comprender las pautas de conducta y los métodos conductuales de cambio ya que estos han sido claves en la terapia cognitiva.

Como es una terapia breve, algunos críticos aducen que sólo produce cambios superficiales en los síntomas. Como se verá en los ejemplos del libro, la terapia cognitiva opera a distintos niveles. Se enfatizan los problemas del aquí y ahora de la vida del cliente. El objetivo del terapeuta cognitivo es enseñar a los clientes métodos para que resuelvan sus problemas actuales y la fuente de sus problemas. Para eso, el terapeuta aborda la clave del problema y no los temas superficiales. El estudio de caso al final del libro (Capítulo 7) ilustra este proceso.

En cuanto al cambio a nivel cognitivo, el terapeuta trabaja a tres niveles. El más accesible, los pensamientos "superficiales" se denomina Pensamientos Automáticos. Son pensamientos (ideas, creencias, imágenes) que la gente tiene en situaciones específicas (por ej. "Mi marido tarda. No le importa lo que me pasa" y/o una fugaz imagen del marido riéndose con sus compañeros de trabajo). A un nivel más profundo existen reglas condicionantes y creencias crossituacionales, llamadas "Supuestos Subyacentes". Estas reglas ayudan a organizar nuestra percepción y son la base de los pensamientos automáticos (por ej., "No puedes esperar que los hombres te defiendan"). Y por último, a la base misma hay creencias básicas llamadas Esquemas que son creencias incondicionales e inflexibles (por ej., "Siempre estaré solo").

Los tres niveles de pensamiento están interconexionados; la terapia cognitiva pretende provocar cambios en los tres. Como los pensamientos automáticos son más flexibles y fáciles de evaluar, el terapeuta comienza con ellos al inicio de la terapia. El cliente aprende a evaluarlos con los registros de pensamientos automáticos, según se describe en el Capítulo 4. Cuando el cliente aprende a identificarlos y evaluarlos con facilidad, el terapeuta ayuda al cliente a identificar los supuestos subyacentes, que a menudo originan los pensamientos automáticos. Estos supuestos se evalúan sobre el papel, o mejor aún, con experimentos conductuales (por ej., "Pida a su marido que la apoye y vea si lo hace cuando sabe lo que Ud. quiere"). Finalmente, se pueden cambiar y evaluar los esquemas centrales en las intervenciones con clientes que presentan trastornos de personalidad (véase Capítulo 6).

Se ha descrito el proceso de Terapia Cognitiva como un "empirismo colaborativo" (Beck, Rush y cols., 1979). Es colaborativo porque ambos, terapeuta y cliente, forman un equipo para entender y resolver los problemas del cliente. Y se habla de empirismo al referirse al proceso de recogida de información para evaluar la evidencia en pro y en contra de las creencias actuales y las alternativas.

La construcción teórica de la Terapia Cognitiva se ha llevado a cabo desde diversos modelos, incluyendo la fenomenología, la teoría estructural y la psicología cognitiva. Según la fenomenología, la visión que un individuo tiene de su yo y de su mundo personal son claves para la determinación de su conducta (Adler, 1963; Horney, 1950). La teoría estructural, por otro lado, enfatiza el concepto de estructura jerárquica en los procesos cognitivos y acentúa la división entre los procesos del pensamiento primario y secundario. Al integrar aspectos de ambas teorías, la psicología cognitiva remarca la importancia de la cognición en el procesamiento de la información y en los cambios de conducta.

La Terapia Cognitiva comenzó a principios de los sesenta como resultado de los estudios de Beck sobre la depresión (Beck, 1963, 1964, 1967, 1972). Inició el trabajo intentando validar la teoría freudiana de que la depresión es el resultado de la ira dirigida hacia el yo. Al intentar validar esa teoría, Beck hizo observaciones clínicas de pacientes depresivos y examinó sus sueños y el contenido de su pensamiento según los principios del psicoanálisis tradicional. En lugar de hallar ira reflejada en los pensamientos y sueños, observó un sesgo negativo en el proceso cognitivo de los depresivos. Tras realizar una serie de estudios clínicos y de investigaciones, Beck desarrolló la teoría cognitiva de los trastornos emocionales (Beck, 1976) y a continuación elaboró el modelo cognitivo de la depresión (Beck, Rush y cols., 1979).

La Terapia Cognitiva se alimentó de los trabajos de un gran número de escritores. Uno de los de mayor influencia fue George A. Kelly (1955) que desarrolló un modelo de constructos personales y creencias asociado al cambio de conducta. Kelly definió un constructo como la forma en que el individuo construye o interpreta el mundo. Su interés se centró en observar cómo la persona estructura y da significado a esos constructos particulares. A continuación de Kelly, las terapias cognitivas de la emoción, desarrolladas por Magda Arnold (1960) y Richard Lazarus (1966) propusieron que el cambio en la cognición era primariamente un cambio emocional y de conducta.

El trabajo de Albert Ellis (1962) con la Terapia Racional Emotiva (TRE) ha apoyado los principios de la Terapia Cognitiva y ha favorecido el desarrollo de lo que se conoce como Terapia Cognitivo-Conductual. Ambas, la Terapia Racional Emotiva y la Cognitiva sostienen que los individuos adoptan modelos de razonamiento y poseen control sobre pensamientos y acciones. Ambos modelos ven los supuestos subyacentes que generan estos patrones de razonamientos como el blanco de la intervención terapéutica. En ambas, el terapeuta busca conocer el contenido específico de las cogniciones y creencias de sus clientes. Se enseña a los pacientes a identificar y a informar sobre sus disfunciones cognitivas, además de decir cuando ocurren y el impacto sobre los sentimientos del paciente.

Según Ellis (1973,1980), los terapeutas de la TRE trabajan para persuadir a las personas de que sus creencias son irracionales, y les ofrecen enseñarles una filosofía de vida más adaptativa. Beck, en cambio, sugiere que el cliente puede aprender a evaluar sus propias cogniciones si el terapeuta le ayuda a analizar la validez de sus creencias (Beck, Kovacs y Weisman, 1979). Se destaca el aspecto colaborativo del modelo partiendo del supuesto de que la gente cambia su pensar más rápidamente si la razón del cambio proviene de su propia introspección más que de la del terapeuta.

Por ejemplo, un cliente puede tener esta creencia, "Si Susana no da el visto bueno a todo lo que hago, me dejará". El método de Ellis al trabajar con este cliente sería cuestionar su creencia. El terapeuta puede decir, "¿Qué hace que Susana sea un juez supremo?" "Actúa como si fuera horrible que Susana no quisiera todo lo suyo. Son tonterías, nadie ama todo en el otro". La Terapia Cognitiva con este cliente consistiría en que él evaluará su creencia. El terapeuta podría decir, "entiendo que esta creencia le asuste. Probemos y veamos cuan verdadera es. "¿Hubo alguna vez en que a Susana no le gustase algo que Ud. hizo? Cuando esto sucedió,¿Le abandonó?, ¿Qué hizo ella?, ¿Fue una experiencia totalmente negativa o sacó algo útil de ella?". En la terapia cognitiva, la relación de colaboración entre el terapeuta y el cliente ofrece un marco en el que el cliente aprende los procesos de identificación y evaluación de los pensamientos disfuncionales. El objetivo de la terapia no es sólo cambiar las creencias disfuncionales del momento, sino también enseñar al cliente cómo utilizar los métodos para evaluar otras creencias del futuro.

Ciertos conductistas contemporáneos han influido también en la Terapia Cognitiva, su crecimiento y desarrollo. La teoría del aprendizaje social de Albert Bandura (1977) que conceptualiza nuevos patrones de conducta (aprendizaje por observación) contribuyó al modelo cognitivo y orientan el modelamiento participativo. Esta teoría favoreció el giro de la terapia de conducta hacia el ámbito cognitivo. Los primeros trabajos de Mahoney (1974) sobre el control cognitivo de la conducta y los de Meichenbaum (1977) sobre la modificación de conductas cognitivas han sido también importantes aportaciones teóricas.

Al principio, la Terapia Cognitiva fue reconocida como modelo de tratamiento de la depresión (Beck, 1970, 1976). La investigación también dio apoyo empírico al modelo y a su efectividad en casos de depresión unipolar (Beck y Rush, 1978). También se han llevado a cabo estudios comparativos entre la Terapia Cognitiva y los medicamentos antidepresivos (Beck, 1986; Hollon y cols., 1985; Murphy y cols., 1984). Al comparar distintos resultados se vio que la Terapia Cognitiva era igual de efectiva que los medicamentos antidepresivos. Aun más, el estudio ciego doble de Rush y cols. (1979) mostró que la terapia cognitiva era más efectiva que la medicación para aliviar la depresión. La investigación de Kovacs y cols. (1981) sugirió que la Terapia Cognitiva tiene menos tasa de recaída que los tratamientos psicofarmacológicos y otros estudios han ratificado estos hallazgos (Blackburn y cols., 1981; Murphy y cols., 1984).

Entre los resultados del trabajo sobre la depresión destaca el desarrollo de conceptos para el tratamiento de clientes suicidas (Beck, Schuyler y Herman, 1974; Freeman y White, 1989). Un hallazgo fundamental del trabajo de Beck y sus colegas fue que la desesperanza era un componente clave de los intentos y actos suicidas. Desde aquí se generaron una serie de escalas de evaluación de la depresión y la tendencia al suicidio, como el Inventario de Depresión de Beck (Beck y cols., 1961), la Escala de Ideación Suicida (Beck, Kovacs y cols., 1979), la Escala de Intentos Suicidas (Beck, Schuyder y cols., 1974) y la Escala de Desesperanza (Beck, Weisman y cols., 1974).

La Terapia Cognitiva también dedicó parte de la investigación y estudio al análisis de los trastornos de ansiedad (Beck y Emery, 1979; Beck, Emery y cols., 1985; Beck, Epstein y cols., 1985; Beck, Laude y Bohnert, 1974; Dattilio, 1987, 1988, 1990b; Ottaviani y Beck, 1987), trastornos de personalidad (Beck y cols., 1990; Beck, 1988; Dattilio, 1989a; 1989b; Epstein, 1986; Schlesinger y Epstein, 1986) que se ampliarán en la exposición del Capítulo 2.

FILOSOFIA E HISTORIA

Si bien la Terapia Cognitiva tiene sus raíces en algunos de los más tradicionales sistemas de terapia, difiere de algunas teorías como la psicodinámica, conductista y las modalidades neuropsiquiátricas. La Terapia Cognitiva señala que lo que los individuos piensan y perciben sobre ellos, el mundo y el futuro es relevante e importante y tiene un impacto directo sobre cómo sienten y se comportan. La visión del yo, el mundo y el futuro se conoce como "Tríada Cognitiva" y se presentó por primera vez en el modelo cognitivo de la depresión de Beck (Beck, 1976; Beck, Rush y cols., 1979).

Además de los factores biológicos y ambientales, la Terapia Cognitiva entiende que la personalidad está formada por creencias centrales o esquemas superordinarios. Los esquemas se desarrollan temprano como resultado de las experiencias personales e influencias de los padres y la sociedad. Constituyen la base para codificar, categorizar y evaluar experiencias durante el curso de la vida.

Los problemas psicológicos se perciben como originados por procesos comunes tales como aprendizajes defectuosos, inferencias incorrectas fundamentadas en información inadecuada o equivocada y no saber distinguir adecuadamente entre lo imaginario y lo real (Kovacs y Beck, 1979). A menudo, los individuos plantean estándares que son demasiado absolutos y rígidos, basados en presupuestos erróneos. Estos estándares se derivan de esquemas o complejos patrones de pensamientos que determinan cómo se perciben y conceptualizan las experiencias. Estos esquemas o patrones de pensamiento se usan aún cuando no exista información contextual. Pueden servir como mecanismos de transformación que configuran los datos que se incorporan, de tal forma que se ajusten a nociones preestablecidas (Beck y Emery, 1979). Por ejemplo, un hombre con un determinado esquema puede pensar, "Estoy predestinado al fracaso" y siempre considerará negativa una evaluación de su trabajo, aunque en general sea positiva o neutral.

Esta distorsión de la experiencia se perpetua por errores característicos del procesamiento de la información. Beck (1979) sugirió que distintos pensamientos falaces contribuyen a preservar los trastornos psicológicos. Por ejemplo, en la alteración psicológica aparecen errores sistemáticos al razonar que se conocen como "distorsiones cognitivas" como son: inferencias arbitrarias, personalización selectiva, pensamiento dicotómico, etiquetado y etiquetado erróneo, visión de túnel, explicaciones sesgadas, y lectura de la mente. Estos términos se explican más detalladamente en el Capítulo 4 en "Identificación y etiquetado de las distorsiones cognitivas".

Un objetivo del proceso terapéutico cognitivo es ayudar a los clientes a analizar las distorsiones cognitivas y a colaborar para desarrollar formas más equilibradas de evaluar sus experiencias. Hay todo un listado de técnicas terapéuticas diseñadas para identificar tales errores de razonamiento y cotejarlos con la realidad. Aprender estos métodos ayuda a corregir creencias disfuncionales (esquemas) y las distorsiones que originaron tales cogniciones. En suma, el individuo aprende a corregir su pensamiento defectuoso que creía infalible. Esto se logra identificando las predicciones basadas en creencias disfuncionales y evaluándolas mediante la identificación de datos adicionales. El terapeuta ayuda al cliente a evaluar la validez de las creencias disfuncionales mediante las explicaciones alternativas. Para que el individuo adopte estas respuestas alternativas como parte de su estilo general de pensamiento, creando así una nueva manera de ver los hechos de la vida, la terapia se centra en el apoyo mutuo. La aplicación de estas técnicas a las relaciones se describe en el Capítulo 2.

2 Terapia cognitiva con parejas

BREVE HISTORIA Y PANORAMICA

Comparada con otros modelos de terapia para parejas, la Terapia Cognitiva con parejas está todavía en sus comienzos. El método cognitivo de la terapia de parejas surge directamente de la aplicación de la teoría conductista a la terapia marital. Su efectividad ha alentado investigaciones sobre su aplicabilidad. Desde el inicio de la terapia de conducta marital ha habido gran cantidad de innovadores cambios. Los primeros modelos de tratamiento conductista enfatizaban la teoría del intercambio social y los contratos de contingencia entre las parejas (Bandura, 1977; Jacobson y Margolin, 1979; Liberman, 1970; Liberman, Wheeler y Sanders, 1976; Patterson y Hops, 1972; Stuarts, 1969,1976).

La teoría de Stuart es una de las más globales y populares entre los modelos conductistas. Stuart afirma que el cambio más efectivo para iniciar el cambio en la relación es incrementar la tasa de intercambios de conductas positivas entre la pareja. Emplea una técnica llamada "días para quererse" que ayuda a las parejas a que logren sus objetivos de tratamiento. El modelo de Stuart es un programa de ocho pasos con características como el contrato conductual y el entrenamiento en comunicación. Aunque las técnicas conductistas pueden ser efectivas, a veces no son capaces de provocar cambios cognitivos o actitudinales en los individuos (Patterson, 1986). Por tanto, una limitación de la terapia marital conductista es que enfatiza muy poco los estilos de pensamiento de los individuos sobre sí mismos y sus parejas. La Terapia Cognitiva se diferencia de la conductista porque destaca especialmente los procesos de pensamiento y sistemas de creencias de la pareja a la vez que reconoce la necesidad del cambio de conducta.

El añadir el componente cognitivo a la terapia conductual de parejas fue resultado de estudios tales como el que realizaron Margolis y Weiss (1978) que compararon la terapia marital conductista con un tratamiento que añadía técnicas de reestructuración cognitiva. Los autores encontraron que el segundo tratamiento era significativamente más efectivo en algunas mediciones de resultados que la terapia marital conductista sola. Durante la siguiente década de investigación, las técnicas cognitivas se convirtieron en aspecto clave de la literatura de terapia de parejas (Baucom, 1981; Baucom y Epstein, 1990; Beck, 1988; Dattilio, 1989a, 1989b; Doherty, 1981; Fincham y O'Leary, 1983; Holtzworth-Munroe y Jacobson, 1985; Jacobson, 1983, 1984; Jacobson y cols., 1985; Margolin, 1983; Margolin, Christensen y Weiss, 1975; Revenstorf, 1984; Schindler y Vollmer, 1984; Weiss, 1980, 1984). Ya que el objeto de este libro es centrarse en la intervención clínica, el lector interesado puede consultar a Baucom y Epstein (1990) para profundizar en los hallazgos de la investigación relacionada con la cognición, el afecto y el comportamiento en la terapia cognitiva con parejas.

Ellis (1977) fue de los primeros que planteó un modelo predominantemente cognitivo para parejas. Basándose en su trabajo sobre la Terapia Racional Emotiva de los años sesenta, Ellis propuso que la disfunción matrimonial sucede cuando los esposos mantienen expectativas irreales sobre el matrimonio y hacen evaluaciones negativas extremas cuando no están satisfechos. Afirma que la alteración de sentimientos y conducta en las relaciones no está simplemente causada por los errores de uno de los cónyuges u otros sucesos adversos, sino por las opiniones que las parejas tienen de las acciones y altibajos de la vida del otro (Ellis y cols., 1989). La teoría racional emotiva sugiere que el pensamiento, sentimiento y acción son interactivos y que cada uno de estos procesos afecta e influye sobre los dos restantes. Ellis afirma que los matrimonios con problemas aparecen cuando uno o los dos cónyuges tienen creencias irracionales (por irracional se entiende muy exagerado, extremadamente rígido, ilógico y absolutista). El resultado de este pensamiento irracional es expectativas irreales y exigentes que producen desilusión y frustración al no percibirse que se respetan sino que se violan. Estas respuestas, a su vez, dan origen a emociones negativas lo que contribuye a un ciclo vicioso de trastornos.

La Terapia Racional Emotiva cuestiona la validez de las creencias irracionales de los cónyuges y les enseña como reemplazar sus pensamientos defectuosos por pensamientos más realistas sobre ellos mismos y sus parejas.

La terapia cognitiva con parejas se diferencia de la Terapia Racional Emotiva en que combina muchas de las ideas de las terapias psicodinámicas y muchas estrategias de la terapia de conducta. Los modelos convencionales se combinan en un marco cognitivo, enfatizando conceptos específicos como los estilos generales de pensamiento, creencias subyacentes sobre la relación y el tipo de interacciones de la pareja.

La Terapia Cognitiva de parejas y la Terapia Racional Emotiva comparten el objetivo fundamental de cuestionar la evidencia que apoya o regula las creencias de las parejas sobre ellos mismos y sus relaciones. En el modelo cognitivo de terapia para parejas se enfatiza la colaboración entre el terapeuta y las parejas. Esta colaboración se fundamenta en la filosofía de que tal esfuerzo mutuo minimiza la resistencia del paciente e introduce destrezas de afrontamiento que las parejas pueden usar fuera del marco terapéutico. Gran parte del tiempo se dedica a comprobar la realidad de las creencias de las parejas sobre la naturaleza de la intimidad de su relación. La Terapia Racional Emotiva por otra parte, fomenta el cambio en las creencias evaluativas de la pareja sobre hechos percibidos con un estilo más directivo.

Dado el movimiento cognitivo en psicoterapia, era lógico que las cogniciones que tienen las parejas sobre el otro fuesen parte integral del proceso de cambio. Se cree que el cambio de conducta en sí no es suficiente para producir un cambio duradero en el tipo de interacciones disfuncionales intensas que a veces experimentan las parejas en la vida diaria. Por tanto, el objetivo de la Terapia Cognitiva de parejas es abordar la estructura de las creencias de cada pareja para fomentar la reestructuración hacia una relación más productiva.

Hay tres aspectos cognitivos claves en la Terapia Cognitiva con parejas: la modificación de expectativas irreales sobre la relación, la corrección de atribuciones falsas en las interacciones, y el uso de procedimientos de auto-instrucción para disminuir la interacción destructiva. Una de las principales preocupaciones del terapeuta cognitivo en la terapia de parejas es identificar sus esquemas o creencias sobre las relaciones en general y, más concretamente, sus pensamientos sobre sus propias relaciones (Beck, 1988; Epstein, 1986).

Las creencias básicas sobre las relación y la naturaleza de la interacción de pareja normalmente se aprenden pronto de fuentes primarias como los padres, las costumbres culturales locales, los medios de comunicación de masas y las primeras salidas en pareja. Estos esquemas, o creencias disfuncionales sobre las relaciones muchas veces no están claramente articulados en la mente del individuo pero pueden existir como conceptos vagos de lo que debiera ser (Beck, 1988). Sin embargo, estas creencias pueden derivarse de la lógica y los temas de los pensamientos automáticos de cada uno.

El terapeuta cognitivo que trabaja con parejas debe abordar por igual las expectativas de cada miembro de la pareja sobre la naturaleza de una relación íntima. Además, las distorsiones de las evaluaciones de experiencias derivadas de esas expectativas son claves. Por ejemplo, un esposo que piensa que su esposa está interesada en todo hombre que ve, espera que ella no mire a ninguna persona, hombre o mujer.

Respecto a los pensamientos automáticos, el terapeuta cognitivo presupone que las expectativas irreales sobre las relaciones pueden dañar la satisfacción y provocar respuestas disfuncionales. Por ejemplo, muchas parejas comienzan una relación con la creencia de que el amor surge espontáneamente y que siempre será así sin ningún esfuerzo. Consecuentemente, las parejas pueden experimentar una reducción del grado de satisfacción cuando se dan cuenta de que es necesario esforzarse mucho para mantener la relación. Esta expectativa además puede producir evaluaciones erróneas tales como, "probablemente no fuimos hechos el uno para el otro". Epstein y Eidelson (1981) descubrieron que el apego a creencias irreales con respecto a la naturaleza de las relaciones íntimas predecía el nivel de discordia en las relaciones. Por tanto, el contenido cognitivo es extremadamente importante para explicar las respuestas disfuncionales ante los conflictos de relación.

Las distorsiones cognitivas pueden verse en los pensamientos automáticos que manifiestan las parejas y pueden descubrirse por medio de un cuestionamiento sistemático o socrático respecto al significado que un miembro de la pareja da a un hecho específico.Los pensamientos automáticos de los cónyuges sobre sus interacciones normalmente son inferencias sobre las causas de los sucesos agradables y desagradables que ocurren entre ellos.

En su libro *Love is never enough*, Beck (1988) ha descrito varias distorsiones sistemáticas en el procesamiento de la información que normalmente se dan en los pensamientos automáticos sobre las relaciones. Por ejemplo, el pensamiento "Siempre me degrada" es más probable que sea un ejemplo de generalización que una explicación precisa del comportamiento invariable de un cónyuge. Otro ejemplo de inferencia arbitraria careciendo de pruebas correctas sería el siguiente pensamiento, "Piensa que soy un idiota".

La Terapia Cognitiva de Parejas se centra en las cogniciones identificadas como elementos del problema en la relación y como elementos que contribuyen a la insatisfacción subjetiva de cada uno de las partes respecto a la relación (Schlesinger y Epstein, 1986). Este modelo apunta al núcleo de las dificultades de la relación al centrarse tanto en los problemas ocultos como en los obvios del aquí y ahora, más que en profundas búsquedas de traumas infantiles.

Por ejemplo, una mujer puede mostrar una ira incontrolada hacia el marido. Si él no provoca tal ira ella se dará cuenta de que tiene otros significados. Una mujer descubrió que su ira en realidad estaba precedida de una sensación de indefensión. Se veía como una niñita que encerrada en un coche gritaba para que su madre la oyese. Cuando la terapia le ayudó a identificar su miedo subyacente -que no le iban a oir a menos que gritara- pudo empezar a buscar otros métodos alternativos para expresar sus sentimientos ante su marido.

Hay varias áreas claves del modelo cognitivo que son esenciales al tratar el tema del cambio en la relación. Se explican a continuación.

CREENCIAS SOBRE LA RELACION

Las creencias básicas son la base de los pensamientos automáticos y de las acciones en cualquier relación. Para entender estos pensamientos y acciones, el terapeuta debe trabajar para descubrir el sistema básico de creencias y lograr un claro entendimiento de cómo cada esposo ve la relación y su papel en las relaciones humanas en general. Como en el ejemplo de la mujer que respondía con ira destructiva, se enfatizan los problemas ocultos y los del aquí y ahora, más que los traumas de la primera infancia. Tras su ira, había una sensación de vulnerabilidad e indefensión. Al sacar a la luz su esquema básico, el terapeuta pudo ayudarla a definir otras formas de ser oída y de compartir el control de la relación sin ataques verbales al marido. Al descubrirlo, pudo ver también que consideraba muchas relaciones como manipuladoras y controladoras sin que en realidad lo fueran. Su visión de sí misma como persona indefensa y aniñada le había impedido ser asertiva respecto a sus propias necesidades hasta que se ponía furiosa. Cuando aprendió a conocer sus necesidades y expresarlas más asertivamente, y a expresar su ira de forma que su marido la escuchara, pudo disminuir su ira y sentirse mejor en la relación.

Gran parte del modelo cognitivo implica descubrir las creencias básicas de las parejas y, redefinir principios claves y reestructurar el sistema de creencias, conjuntamente. Puede variar la cantidad de reestructuración necesaria pero se recomienda que el proceso se realice con cada miembro de la pareja en presencia del otro. Al ser testigos de la labor de análisis y reestructuración de las creencias, cada uno puede ayudar mejor al otro en el proceso de tratamiento posterior. Esta técnica se ilustra en el caso presentado en el Capítulo 7. Por tanto, las creencias básica sobre la relación son importantes en el intento de producir cambio en las parejas. El descubrir el sistema de creencias básicas permite al terapeuta enseñar a los individuos el primer paso para cambiar su punto de vista sobre la relación.

Creencias alternativas versus creencias distorsionadas

Al trabajar con parejas siempre puede haber desacuerdo sobre si los pensamientos son distorsionados o no. En la terapia cognitiva las creencias ajustadas se definen como creencias que cuentan con evidencia o pruebas a favor. Son creencias no alteradas por los prejuicios o malas percepciones. Por otra parte, las creencias distorsionadas están basadas en información errónea o pensamientos equivocados y surgen por lo general de datos circunstanciales. Un ejemplo de ello es la afirmación: "Todos los hombres son iguales". En el contexto de una relación, esta idea conlleva connotaciones negativas y representa la clase de distorsión cognitiva conocida como generalización. El mantener esta creencia ante cualquier circunstancia lleva a tener pensamientos distorsionados. Otro ejemplo puede ser el del marido que cree "debo ayudar a mi esposa a resolver todos sus dilemas, si no, no soy un buen marido". Este también es un pensamiento distorsionado cuando se mantiene de forma permanente. Las versiones alternativas de estas ideas normalmente cuentan con más explicaciones y datos. Por ejemplo, en la creencia "Todos los hombres son iguales", una visión más ajustada sería, "Todos los hombres son iguales en muchos aspectos pero cada uno también es único". En el ejemplo de la frase de "Debo ayudar...", una idea más equilibrada y alternativa sería, "Es importante que ayude a mi esposa cuando puedo y que esté con ella si me necesita".

Las creencias distorsionadas suelen ser la base de muchos desacuerdos en las relaciones y hay que atacarlas especificamente para poder lograr cambios en la relación. A menudo surgen o resultan de esquemas de pensamiento defectuosos que forman parte de los procesos habituales de pensamiento del individuo. Independientemente de cómo se desarrollen, el papel del terapeuta es ayudar a sopesar la evidencia existente y cotejar las predicciones hechas en base a esas creencias para estimar su grado de razonabilidad. El Capítulo 4 lo explica con más detalle.

Expectativas irreales

Las expectativas que cada persona aporta a la relación crean una dinámica importante en cada unión y han sido un aspecto clave para la mayoría de los terapeutas cognitivos que tratan con parejas con problemas (Epstein, 1982; Jacobson y Margolin, 1979).

En casi toda relación, las personas tienen algunas expectativas respecto al gran número de necesidades que su pareja les satisfará. A menudo, estas expectativas o anticipaciones producen distorsiones y se transforman en demandas irreales. Suele pasar un tiempo antes de que estas expectativas aparezcan en la relación, lo que explicaría por qué surgen en muchas relaciones sólo después de un período de tiempo y no en la época del noviazgo. Beck (1988) y Ellis y cols. (1989) sostienen que las expectativas irreales o exigentes inevitablemente producen desilusiones y frustraciones que, frecuentemente, se asocian con interacciones negativas (e.j. hostilidad, molestias...) Un ejemplo común sucede cuando la pareja piensa que el amor se da de forma espontanea y que existe así para siempre, sin ningún o muy poco esfuerzo por su parte. Esta pareja experimentará una profunda desilusión y se sentirá herida cuando surjan problemas y pueden concluir erróneamente que sus dificultades evidencian que la relación nunca fue buena. En este ejemplo, la expectativa irreal la mantienen ambos simultáneamente pero a menudo, las expectativas irreales pertenecen a uno, en conflicto directo con la perspectiva del otro.

Por ejemplo, un hombre que venía de un ambiente en el que su padre era el único que ganaba el pan, esperaba que su mujer estuviera contenta en casa sin trabajar fuera del hogar. Pero su mujer se había criado creyendo que los esposos tienen los mismos derechos y esto creó el conflicto cuando quiso buscar un trabajo. Tales expectativas surgen de conceptualizaciones tempranas sobre las relaciones, de los roles de los padres y de las necesidades individuales. Se derivan de fuentes primarias como los padres, los medios de comunicación y las primeras experiencias de pareja. Se mezclan además, con las ideas de cada uno sobre como quisiera que fuera la relación.

Al tratar las expectativas irreales, el terapeuta debe referirse a la base misma del sistema de creencias de ambas partes. Al terapeuta le compete ahondar en esos esquemas cognitivos y enseñarles a identificar las creencias erróneas mediante comparaciones y luego a cotejar estas creencias con evidencias alternativas. Esto se hace paso a paso. Es importante no apresurarse y no echar todo a perder. Es esencial recordar que los individuos dependen de estas estructuras subyacentes de creencias y si uno intenta quitarlas demasiado rápido puede originar resistencia por ambas partes.

Atribuciones causales y atribuciones erroneas

La atribución causal es el término formal del concepto de "echar la culpa" en la relación. Es muy común que la pareja llegue a la terapia inserta en un círculo vicioso de culpa alimentado por la ira, el resentimiento y el rechazo de los dos a aceptar la responsabilidad de la disfunción de la relación. Por lo tanto, existe una externalización de la culpa y una incorrecta atribución del problema a las acciones del otro. Si ambos son testarudos, la pareja entra en un punto muerto en el que ponen, sin querer, al terapeuta, en la incómoda posición de determinar quién es el culpable.

Algunos autores (Abrahms, 1982) creen que la resolución del conflicto o el entrenamiento en comunicación es imposible a menos que ambos estén dispuestos a colaborar. El término "ambiente de colaboración" fue acuñado por Jacobson y Margolin (1979) para indicar la necesidad de que ambos esposos se comporten de una manera tal que sugiera que ven sus conflictos como algo mutuo y que sólo se resolverán si trabajan en conjunto. Aunque sea una postura aceptada exteriormente, los esposos pueden abrigar individualmente ideas sobre la atribución de la culpa que luego impregnarán la relación. Por tanto, otro paso importante en el proceso de reestructuración es ayudar a ambas partes a aceptar la responsabilidad del malestar en la relación. Esto requiere diálogo y la evaluación de atribuciones causales de los problemas de la pareja por parte de ambos.

Estas áreas -creencias sobre la relación, creencias alternativas versus distorsionadas, expectativas irreales y atribuciones causales y erróneas son blanco de acción en la Terapia Cognitiva. Los capítulos siguientes están dedicados a la evaluación y a las intervenciones del modelo centrándose de forma detallada en el proceso de cambio de estas áreas básicas de la disfunción marital.

3 Evaluación

PANORAMICA

Existen muchos métodos para llevar a cabo la entrevista clínica, y los clínicos escogen un método y estilo que vaya con su estilo único. Sin embargo, independientemente de los estilos personales, se requieren ciertas estructuras y contenidos para una buena evaluación clínica; igual que un jugador de tenis añade su toque especial al devolver la pelota, siguiendo sin embargo ciertas reglas y estándares del buen tenis. Existen tres pasos fundamentales de la terapia cognitiva en la fase inicial de evaluación: entrevistas conjuntas, administración de inventarios y cuestionarios de evaluación, y entrevistas individuales. Este es el procedimiento estándar empleado en terapia cognitiva cuando no se trata de una intervención de crisis. Dependiendo de la naturaleza de la crisis se puede interrumpir la secuencia estándar para acomodarse a las circunstancias (Véase Capítulo 6).

De modo similar a como ocurre en muchos modelos terapia de parejas, la sesión inicial es una sesión conjunta. La entrevista conjunta proporciona al terapeuta una impresión inicial del modo de interactuar de la pareja, así como la oportunidad de "aprender su baile", expresión acuñada por la teoría de los sistemas. Esta impresión inicial es extremadamente importante puesto que proporciona al terapeuta entrevistador un acercamiento al problema actual, además de revelar el tipo de defensas que la pareja propende a emplear al relacionarse en público. Igualmente proporciona al terapeuta un *insight* sobre la adecuación de la pareja para la terapia.

Idealmente, el terapeuta que realiza la entrevista inicial es el mismo que luego lleva a cabo la terapia. Muchas Clínicas y Centros Comunitarios de Día de Salud Mental disponen de una persona encargada únicamente de llevar a cabo los ingresos. Si fuera posible, la admisión debería ser realizada por el terapeuta que va a tratar a la pareja, para que él o ella se familiarice con el caso y establezca una relación terapéutica efectiva. En este momento, la pareja debería ser informada así mismo de que las primeras sesiones se dedican a la definición de problemas y a la evaluación de la relación, por lo que no han de esperar un cambio inmediato hasta que progrese la terapia. Esto puede ayudar a reducir expectativas no realistas que uno o ambos esposos podrían abrigar al principio de la terapia, o puede al menos sacar a la luz tales expectativas.

ENTREVISTAS CONJUNTAS

La entrevista inicial es conjunta, enfocada a la obtención de información retrospectiva sobre cómo y bajo qué circunstancias se conoció la pareja, si viven o no juntos, el número de años de convivencia o de matrimonio, si estuvieron previamente casados o tuvieron relaciones de larga duración, así como una breve historia del conflicto que presentan. El Centro de Terapia Cognitiva de Filadelfia ha desarrollado un formulario centrado en la admisión (Véase Evaluación Clínica Inicial de Parejas, págs. 47-50). La información adicional puede irse acumulando en sesiones subsiguientes o a medida que progresa la terapia.

A menudo las parejas retienen información que puede ser vital para la comprensión de la dinámica de la relación, bien a sabiendas o sin percatarse de ello. Debido a multitud de razones, tal información surge posteriormente durante el proceso terapéutico. Puede ser entonces incorporada a la conceptualización de la relación. Por lo tanto, el proceso de obtención de información no debe concluir tras las tres primeras sesiones. El terapeuta también puede preguntar a la pareja: "¿Hay alguna otra información que yo deba saber y que me ayude a comprender los problemas de su relación?". El historial es fundamental, debe por ello otorgársele adecuada atención. Permite al terapeuta formular una conceptualización inicial sobre como ambos esposos ven su relación y el curso de su conflicto.

INVENTARIOS Y CUESTIONARIOS ESCRITOS

Debido a la limitación de tiempo del proceso de admisión, se pueden emplear varios inventarios y cuestionarios escritos, diseñados para evaluar y modificar las actitudes y creencias sobre la relación. Están específicamente orientados a la identificación de pensamientos disfuncionales, problemas de comunicación, y conductas tanto agradables como desagradables. Estos instrumentos son también un método que permite a las parejas señalar áreas específicas de su conflicto y mencionar información adicional que no hayan querido u osado mencionar en la entrevista conjunta.

Los inventarios específicos más comunmente empleados por los terapeutas cognitivos son los siguientes:

Cuestionario de Actitudes Matrimoniales-Revisado: Se deriva del Cuestionario de Actitudes Matrimoniales (Pretzer, Fleming y Epstein, 1983). Este cuestionario contiene 74 afirmaciones diseñadas para determinar cómo cada cónyuge ve las dificultades de la pareja. Consiste en afirmaciones como "Cuando no nos llevamos bien me pregunto si mi pareja me ama" y "El estrés laboral influye en como nos llevamos". La afirmaciones se puntúan en una escala Likert del 1 al 5, significando el 1 "muy de acuerdo" y el 5 "muy en desacuerdo". Las puntuaciones se suman para obtener una puntuación total.

Escala de Ajuste Diádico (DAS; Spainer, 1976): Es un inventario en forma de auto-informe de ajuste en las relaciones (parejas). Presenta trece puntos consensuados de las áreas de tareas del hogar, finanzas, ocio, amistades, religión, toma de decisiones, y demás, medidos respecto al grado de acuerdo o desacuerdo expresado por el cónyuge. Este instrumento evalúa el malestar marital y proporciona una puntuación global de los aspectos relacionados con el ajuste de la relación.

Escala de Felicidad Marital (MHS; Azrin, Naster y Jones, 1973): Se mide el grado de felicidad en once áreas (por ejemplo: educación de los hijos, financiera, comunicación, etc.). Los cónyuges puntúan como ven cada área en escalas de 10 puntos, desde "completamente infeliz" hasta "completamente feliz". Este inventario proporciona una visión general relativamente rápida sobre el malestar de la pareja.

Inventario de Satisfacción Marital (MSI; Snyder, 1981): Es un inventario dicotómico de elección forzosa (verdadero/falso) formado por 280 items distribuidos en nueve áreas tales como: educación de los hijos, finanzas, problemas sexuales, comunicación, historia familiar y demás. Incluye una escala global de malestar para proporcionar al clínico una medida global de malestar. Las puntuaciones de la pareja pueden ser graficadas juntas en una hoja de perfil para comparar así sus percepciones de las dificultades en la relación con el otro.

Existen igualmente otros inventarios que no han sido validados empíricamente pero que son muy útiles para identificar áreas problemáticas en la pareja:

Cuestionario de Creencias sobre el Cambio (Beck, 1988): Se trata de un cuestionario de preguntas abiertas presentado en forma de listado. Pide al sujeto que marque las afirmaciones que reflejan creencias particulares que comparta, por ejemplo: "Mi pareja es incapaz de cambiar" y "Mi matrimonio ha muerto". El cuestionario se categoriza en cuatro apartados: Creencias Derrotistas, Creencias de Autojustificación, Argumentos de Reciprocidad, y Mi Problema es mi Pareja. No arroja una puntuación global.

Problemas en la Relación de Pareja (Beck, 1988): Esta es una lista de 42 temas que aparecen frecuentemente entre las parejas. Se pide al sujeto que puntúe afirmaciones del tipo de "Estamos en desacuerdo" o "Lo dejo" en una escala de 0 (no es el caso) a 4 (siempre). Igualmente se pide al sujeto que indique si tales afirmaciones son percibidas como problemas de su relación. Las afirmaciones se encuentran divididas en cuatro áreas principales: Toma de Decisiones, Finanzas, Relaciones Sexuales y Actividades Recreativas y de Ocio.

Expresiones de Amor (Beck, 1988): Este listado fue diseñado para ayudar a las parejas a identificar los modos en que se muestran afecto y cariño el uno al otro. Se pide a cada persona que defina la frecuencia con la que él o ella puede responder sí o no a preguntas como: "¿Echas de menos a tu pareja cuando estáis separados?" o "¿Eres capaz de identificar y respetar las áreas sensibles de tu compañero/a?". Se solicita a la persona que puntúe las preguntas en una escala Likert de 0 (nunca) a 5 (siempre). El cuestionario está dividido en 12 áreas con tres preguntas en cada área: Sentimientos Cálidos; Expresiones de Afecto; Cariño; Aceptación y Tolerancia; Empatía y Sensibilidad; Comprensión; Intimidad; Amistad; Agradabilidad; Apoyo; y Cercanía. No existen puntuaciones absolutas para el cuestionario.

Problemas en el Estilo de Comunicación (Beck, 1988): Este listado es una medida de los estilos de expresión y de escucha que pueden dificultar el intercambio de ideas y de información. Se solicita a las personas que puntúen las conductas que sus parejas emplean con ellas en una escala Likert de 0 (no es el caso) a 4 (siempre). En otra columna deben puntuar cuanto les molesta a ellos el problema, de 0 (nada en absoluto) a 3 (mucho). Se basa en 15 afirmaciones tales como "Habla demasiado" o "Se cierra cuando se siente mal". No hay puntuación absoluta.

Los inventarios y cuestionarios pueden servir para varios fines. En primer lugar, proporcionan un primer ejercicio que la pareja debe llevar a cabo, lo cual puede ser muy indicativo para el terapeuta, particularmente en el caso de que las parejas se resistan a su ejecución. Pueden igualmente servir como forma indirecta de examinar enfados o resentimientos de pareja. En tercer lugar, sirven como medida estándar, tanto para la pareja como para el terapeuta de la disfunción, pudiendo administrarse posteriormente a intervalos variables a lo largo del tratamiento. Esto ayudará al terapeuta a controlar el progreso del tratamiento.

A pesar de no ser el procedimiento habitual, el terapeuta puede igualmente estar interesado en llevar a cabo una evaluación más detallada, principalmente si sospecha la existencia de alguna psicopatología significativa. Instrumentos como la Entrevista Clínica Estructurada para el DSM-III-R (SCID) (Spitzer, Williams, y Gibbon, 1987) o el Inventario Multifásico de Personalidad de Minnesota 2 (MMPI-2; Butcher et al., 1989), pueden servir como ayudas al diagnóstico en la planificación del curso de la terapia. Esto debería eliminar cualquier necesidad de tratamiento adicional (por ejemplo, psiquiátrico, etc.). Véase en el Capítulo 6 una exposición detallada de este punto.

ENTREVISTAS INDIVIDUALES

Después de la entrevista inicial conjunta se lleva a cabo una entrevista individual con cada miembro de la pareja. Esto se hace con varios objetivos. Proporciona al terapeuta la oportunidad de interactuar con cada una de las personas sin la presencia de su pareja. Si, pongamos por caso, un hombre se siente intimidado por la presencia de su mujer, puede ser más fácil observar esta diferencia cuando es entrevistado solo. Esto puede también ser cierto respecto a la expresión abierta de sus pensamientos sobre la relación. En primera instancia, un miembro de la pareja puede resistirse a decir como se siente por miedo a herir los sentimientos de su pareja o a causar una reacción de enfado. Las áreas tratadas en la sesión individual habrían de incluir aquellas áreas no tratadas en la sesión conjunta, tales como cualquier abuso físico o sexual sufrido en la infancia o en la edad adulta; casos de violación; éxitos o fracasos; asuntos relacionados con los orígenes familiares; cualquier violencia en la relación actual; y cualquier información específica que el cliente prefiere mantener confidencial, al menos por el momento.

Respecto al contenido, el objetivo debería ser el desarrollo de una conceptualización de cómo el individuo ve los problemas de la relación. Se enfatizan los pensamientos y creencias automáticos específicos sobre uno mismo o una misma, y los cambios que son necesarios en la relación. Este tema será desarrollado posteriormente en el capítulo.

En este momento el terapeuta necesita tomar ciertas decisiones sobre el curso del tratamiento. En gran parte dependerá de la información y la perspectiva que el terapeuta adopte de cada individuo. Por ejemplo, en caso de que uno de los miembros de la pareja revele que él o ella tiene una relación extramatrimonial, esto tendrá sin lugar a dudas un impacto significativo en el curso del tratamiento. Otra circunstancia común consiste en que uno de los esposos informe al terapeuta de que él o ella quiere romper la relación, por lo que la terapia es únicamente una justificación de que se esforzaron hasta el último momento o bien para acatar una evaluación obligatoria ordenada por la justicia.

Estas posibilidades han sido debatidas en la literatura. Algunos teóricos propugnan que la terapia de pareja no está indicada cuando los esposos se niegan a dejar una relación extramatrimonial o están decididos a divorciarse (Schmaling, Fruzzetti y Jacobson, 1989). Esto debe, evidentemente, dejarse a la discreción del terapeuta involucrado. A veces, situaciones que parecen en un principio desesperadas para alguna de las partes, o para el terapeuta, pueden finalmente mostrarse prometedoras. Es recomendable que todo criterio sea sopesado cuidadosamente antes de tomar cualquier decisión para trabajar con cualquier caso particular. (Para más información véase el Capítulo 6).

A menudo sucede que las parejas esperan hasta que su relación se encuentra en circunstancias extremadamente desesperadas para acudir a la terapia de parejas. De hecho, hay casos en que es demasiado tarde para llevar a cabo un cambio efectivo debido al nivel de deterioro de la relación. En esos casos, debe tomarse una decisión tan pronto como sea posible. Sin embargo, en otros casos, puede ser exageradamente pesimista no aceptar a la pareja para tratamiento debido a que parezcan encontrarse en circunstancias desesperadas, a menudo la terapia puede proporcionar cierta orientación a la pareja si se establece un calendario de varias sesiones con un plan establecido.

También pueden emplearse sesiones especiales de refuerzo mientras que se encuentra en curso el tratamiento adicional. Por ejemplo, si un miembro de la pareja sufre un grave trastorno de la personalidad, pero sin embargo ambos quieren hacer lo posible para salvar la relación, es posible tratarlos juntos en terapia de apoyo de pareja hasta que se obtenga algún progreso por medio de otras terapias (por ejemplo, individual).

ESTABLECIMIENTO DE UN CONTRATO DE TRATAMIENTO

Una vez que cada miembro de la pareja ha asistido a su sesión individual correspondiente, se lleva a cabo una nueva sesión conjunta. Es importante recalcar que, en caso de que haya sido necesaria más de una sesión individual para recoger la información bien de uno o de ambos miembros de la pareja, ésta debe programarse antes de la segunda sesión conjunta. Una alternativa a esta opción consiste en asignar 90 minutos a las sesiones individuales para acelerar de este modo el proceso de admisión. En caso de que no se hubiera obtenido suficiente información en las tres primeras sesiones, se debería prolongar la fase de evaluación hasta que el terapeuta obtenga toda la información necesaria.

La segunda entrevista conjunta debería ser una sesión recapitulatoria en la que el terapeuta aúne los resultados de las sesiones de evaluación previas y emplee tal información para desarrollar una conceptualización del caso y un plan de acción. Este resumen incluye la presentación a la pareja de una conceptualización del caso y una delimitación de las áreas problemáticas. El terapeuta debería tomar ciertas decisiones sobre el curso del tratamiento al término de las sesiones individuales. Estas se presentan en la cuarta sesión, o la que sería segunda entrevista conjunta. En función de la confianza que el terapeuta tenga en este momento, puede querer compartir con la pareja su opinión profesional sobre el pronóstico general de la relación, así como su opinión sobre su susceptibilidad al tratamiento.

Esta es así mismo la sesión en la que el terapeuta comienza a presentar de forma educativa el modelo cognitivo (Véase el Capítulo 4, "Técnicas y Procedimientos"). Durante esta sesión, el terapeuta debe también hacer énfasis en la necesidad de que el tratamiento transcurra en un ambiente de colaboración. Este concepto (Jacobson y Margolin, 1979), mencionado en el Capítulo 2, hace referencia a la pareja como una unidad que ve sus dificultades de relación como un problema común que sólo va a mejorar si realizan un esfuerzo conjunto. Una vez que el terapeuta se asegura de la voluntad colaboradora de la pareja, les propone realizar un compromiso verbal de tratamiento (Vea el Capítulo 4 para más información sobre medios a emplear con parejas que no tienen disposición de colaboración).

IDENTIFICACION DE AREAS PROBLEMATICAS

En general, cuando una pareja llega a la terapia, tiene un objetivo - es decir, tiene al menos una idea sobre lo que quiere ver cambiar en su relación. Sin embargo esto varía de pareja a pareja, hallándose desde extremos en que los miembros de la pareja están eficazmente centrados en las áreas problemáticas, hasta parejas que tienden a ser vagas y no comunicativas respecto a los problemas existentes.

En esta fase puede ser útil emplear el cuestionario Problemas en la Pareja (Beck, 1988) u otro similar (como aquellos mencionados anteriormente en este capítulo), especialmente cuando las parejas tienden a ser vagas e inespecíficas o incluso se "cierran en banda" cuando se les pregunta sobre sus problemas específicos. Tales cuestionarios deberían ser distribuidos al final de la entrevista inicial conjunta, instruyéndoseles para que los completen antes de la próxima entrevista individual. Lo mejor es que las parejas rellenen sus cuestionarios de forma independiente y evitando discutir sus respuestas.

Tal y como hemos mencionado anteriormente, la segunda y tercera sesiones son entrevistas individuales con cada miembro de la pareja. Durante tales entrevistas el terapeuta tiene la oportunidad de profundizar en áreas específicas de insatisfacción y de emplear los cuestionarios e inventarios maritales para señalar y conceptualizar las áreas problemáticas. Este es uno de los primeros pasos en la conceptualización real de los trastornos de la pareja. Si la pareja tiene claras sus áreas de malestar, éstas surgirán también en sus respuestas a los cuestionarios, de forma que el terapeuta puede afianzar su conceptualización de la situación.

El terapeuta debe colaborar con la pareja en la determinación de las áreas en las que centrarse inicialmente, para de este modo seleccionar los problemas más urgentes. En caso de que haya habido una crisis (por ejemplo, una relación extramatrimonial descubierta, o una conducta violenta), esta crisis puede preceder a otras cuestiones, como la comunicación. Sin embargo, en caso de que no se dé una situación de crisis, la conceptualización (Person, 1989) y las cuestiones que surjan en las sesiones individuales pueden servir de indicativo de las áreas objetivo (Véase en el Capítulo 6 una exposición más detallada sobre las crisis).

Una vez que las áreas problemáticas han sido identificadas, el terapeuta y la pareja deben ordenarlas conjuntamente en una jerarquía en función de su importancia para la pareja y de lo dañinas que son para la relación. Entonces, terapeuta y pareja pueden comenzar a enfrentarse a cada problema uno por uno.

IDENTIFICACIÓN DE PENSAMIENTOS AUTOMÁTICOS DE LA PAREJA

Uno de los primeros pasos en la facilitación del cambio en la pareja consiste en identificar sus pensamientos automáticos. Tal y como se ha explicado en el Capítulo 1, los pensamientos automáticos son pensamientos que le vienen espontáneamente a un individuo en ciertas situaciones y como consecuencia de un suceso interno. Estos pensamientos pueden hacer que una persona se sienta y actúe de forma determinada, incluyendo modos de acción que crean conflictos en la relación de pareja. A pesar de que esta definición pueda presentar los pensamientos automáticos como algo fácil de localizar, no se encuentran siempre tan accesibles y son a veces difíciles de identificar.

El terapeuta debe basarse en ciertas técnicas del proceso evaluativo para señalar estos pensamientos automáticos y debe enseñar a los clientes a reconocerlos ellos mismos. El modo más directo para identificar los pensamientos automáticos sobre la relación consiste en definir una situación específica y preguntar al cliente: "¿Qué está pasando por su cabeza en este momento?". Puede emplearse la imaginación para ayudar a recrear la situación y sus posibles pensamientos, tal y como se muestra en el siguiente ejemplo:

Miles: Lo único que hace es gritarme cuando llego a casa: me dice que soy un desconsiderado. Odio que me haga eso. Entonces me enfado yo.

Terapeuta: ¿Qué pasa por su cabeza cuando se enfada?

Miles: No lo sé. Sencillamente me hace enfadar.

Terapeuta: ¿Qué es lo que le hace enfadar?

Miles: El que ella me critique.

Terapeuta: ¿Y qué significa eso para usted?

Miles: No estoy seguro de qué quiere decir.

Terapeuta: De acuerdo, veamos si podemos entender juntos lo pasa por su cabeza cuando piensa que Jackie le está criticando. ¿Puede imaginarse la escena cuando llega a casa?

Miles: Sí.

Terapeuta: ¿Se lo imagina mejor con los ojos abiertos o cerrados?

Miles: Cerrados, supongo.

Terapeuta: De acuerdo, cierre sus ojos e imagine la escena de la última vez que llegó a casa y Jackie le gritó.

Miles: Entré en la cocina y dije: "Hola, cariño ¿Cómo te va?" Entonces hojeé el periódico para ver quién había ganado el partido y ella empezó a gritarme.

(El terapeuta hace entonces una serie de preguntas sobre los sonidos y las imágenes para aumentar su recuerdo de la escena.)

Terapeuta: O sea que está leyendo el periódico y Jackie le dice que es un desconsiderado y usted levanta la vista y ve que tiene cara de sentirse herida y que está diciendo: "¡Ni siquiera me has preguntado por la revisión del niño!"

Miles: Sí.

Terapeuta: ¿Cómo se siente en este momento?

Miles: Como un estúpido, pero también enfadado.

Terapeuta: ¿A qué se debe su enfado?

Miles: ¡Ella ya se preocupa por el niño por nosotros dos! Sólo se trataba de una revisión de la segunda semana. Imaginé que si el bebé hubiera estado enfermo ella me hubiera llamado al trabajo. No tiene derecho a llamarme desconsiderado por un desliz tan pequeño. ¡Ella reacciona como si yo fuera un completo fracaso como marido!

Terapeuta: Y justo cuando se enfadó, cuando se sintió estúpido, ¿qué pasaba por su cabeza en ese momento?

Miles: Pensé, "Oye, aquí estoy yo, jactándome ante mis colegas en el trabajo de lo buen padre que soy y olvidé completamente la revisión."

Terapeuta: ¿Le hizo eso sentirse mal consigo mismo?

Miles: Sí, porque yo me había dicho a mí mismo que no sería como mi padre.

Terapeuta: ¿Y esto le hizo pensar que era como su padre?

Miles: Sí (apretando los puños).

Terapeuta: ¿Qué pasó por su cabeza entonces?

Miles: Vi a mi padre leyendo el resultado de las carreras cuando yo trataba de contarle mi partido de béisbol.

Terapeuta: ¿Cómo se siente cuando tiene ese recuerdo?

Miles: Enfadado, supongo.

Terapeuta: Por lo tanto tiene usted muchos pensamientos y sentimientos cuando se tran-

	quiliza y observa.
Miles:	Sí, supongo que es así.
Terapeuta:	Repasemos esos pensamientos y sentimientos y veamos si se encuentran relacionados de alguna manera.

En este diálogo, el terapeuta solicita varias veces a Miles que recuerde aspectos de una situación determinada y se percate entonces de sus pensamientos y sentimientos. Al preguntarle "¿Qué pasa por su cabeza en este momento?" en lugar de "¿Qué estaba usted pensando?," el terapeuta deja la puerta abierta para que Miles recupere imágenes y recuerdos, a la vez que pensamientos expresados en palabras. Es importante capturar cualquier imagen o recuerdo, puesto que éstos pueden ser fuentes de emociones particularmente fuertes. Beck (comunicación personal, Enero, 1986) ha bautizado la pregunta "¿Qué está pasando por su mente en este preciso momento?" como prueba cognitiva fundamental para la identificación de pensamientos automáticos.

EMPLEO DE LOS PENSAMIENTOS AUTOMÁTICOS PARA DESCUBRIR PENSAMIENTOS SUBYACENTES (ESQUEMAS)

En la excavación de un emplazamiento histórico, los arqueólogos emplean herramientas específicas para desenterrar antigüedades. Debido a que este proceso implica la realización de maniobras tediosas, las herramientas están generalmente diseñadas de forma específica para extraer la tierra de un modo delicado pero efectivo, en un intento de preservar la antigüedad.

Este ejemplo es análogo al trabajo de un terapeuta cognitivo que trata de descubrir esquemas o creencias subyacentes. Las herramientas empleadas en este caso son los elementos básicos del consejo psicológico y de la psicoterapia; es decir, clarificación, reflejo, y el establecimiento de un vínculo terapéutico efectivo. Sin embargo, la herramienta más precisa es probablemente la pregunta. El método de la pregunta se emplea para descubrir pensamientos automáticos y creencias subyacentes.

Tal y como se ha definido previamente, los pensamientos automáticos son aquellos que ocurren de forma espontánea en la mente de un individuo. Pueden estar basados en información distorsionada o en una lógica errónea. La pregunta ayuda al terapeuta a revelar pensamientos automáticos de los cuales el individuo puede ser bien consciente o inconsciente.

El proceso de identificación de cada pensamiento automático del individuo es la avenida que el terapeuta tiene para descubrir los pensamientos subyacentes sobre la relación, y más importante aún, sus creencias sobre el cambio. Para clarificar la relación entre ambos, los pensamientos automáticos son la manifestación de una idea o el producto de una opinión. Sin embargo, las creencias subyacentes son ideas u opiniones aceptadas como verdaderas y que albergan a los pensamientos automáticos. Son estas creencias subyacentes las que determinan como cada miembro de la pareja piensa, y por lo tanto interactúa, con su cónyuge. Por lo tanto, una cantidad significativa de tiempo se dedica a identificar esos pensamientos y creencias, puesto que nos dicen mucho sobre como los individuos se conducen.

Inicialmente, se identifican los pensamientos automáticos y creencias subyacentes durante la entrevista inicial para evitar interferencias de la pareja o resistencia a admitir creencias de hondo calado. Posteriormente, es recomendable que la pareja observe el modo en que cada uno piensa, así como que identifique sus pensamientos y creencias compartiendo sus pensamientos automáticos durante las entrevistas conjuntas.

A continuación se presenta un diálogo extraído de una sesión individual. En este caso, el terapeuta escoge centrarse en algunos de los puntos que el marido había marcado en el Cuestionario de Creencias sobre el Cambio (Beck, 1988). Difiere de la situación anterior en que trata de descubrir la creencia subyacente en lugar de únicamente identificar los pensamientos automáticos espontáneos.

Terapeuta: John, veo que en el Cuestionario de Creencias sobre el Cambio, bajo el apartado de "Creencias Derrotistas", ha hecho una marca junto a la frase "Mi pareja es incapaz de cambiar." ¿Cuáles son sus pensamientos automáticos sobre ello?

John: Bueno, verá, tomamos la decisión de venir aquí para terapia de mutuo acuerdo, sin embargo, yo no creo realmente que mi esposa sea capaz de cambiar su modo de ser, a pesar de que actúe como si estuviera motivada para hacerlo en su presencia.

Terapeuta: Por lo tanto, su pensamiento es que, a pesar de que ella aparenta estar motivada, ¿hay poca probabilidad de que cambie?

John: Sí, es casi una pérdida de tiempo.

Terapeuta: ¿Algún otro pensamiento sobre este punto?

John: Sí, también pienso que me voy a situar en una posición en la que emplearé mucha energía para hacer que la relación funcione, y después la gracia será que aún así terminemos separándonos.

Terapeuta: Por lo tanto, ¿su creencia es que seguir la terapia de pareja solo tendrá como resultado hacerle parecer a usted como un idiota?

John: Sí, así es, por eso tengo mis reticencias a creerla cuando dice que lo quiere intentar.

Terapeuta: ¿Cuál es su creencia sobre el cambio?

John: Bueno, básicamente, si quiere saber la verdad, honradamente pienso que la gente se queda tal y como es, a pesar de que puede decir que quieren cambiar. Creo en el viejo adagio,"Un leopardo nunca cambia sus manchas.1"

Nota de los traductores: En el original "A leopard never changes his spots". Juego de palabras (spot significa tanto manchas como situaciones o lugares) queriendo decir que no cambia de hábitos.

Terapeuta: Ya veo. Entonces su creencia subyacente es que el cambio es imposible; ¿por lo tanto nada puede mejorar su relación?

En este ejemplo, el terapeuta insiste en cuestionar los pensamientos automáticos que son indicativos de como el marido ve su relación. El objetivo de todo este proceso es, naturalmente, llegar al sistema de creencias subyacente. El núcleo del pensamiento de John en el ejemplo precedente es que "El cambio es imposible." A pesar de la importancia que tiene el hecho de que el terapeuta conozca este pensamiento, éste podría no haber salido a la luz si no hubiera sido hábilmente descubierto durante la entrevista inicial. El terapeuta es ahora más consciente de lo que enfrenta, lo cual puede ayudarle a prevenir posteriores dificultades en el tratamiento. Es más, le da una idea sobre cómo los individuos se ven a sí mismos y su relación.

IDENTIDAD DE LA FAMILIA DE ORIGEN

Los estudiosos de la Teoría de los Sistemas abogan fuertemente por el origen familiar porque creen que juega un papel preponderante en la forma en que los individuos ven sus propias relaciones (Aylmer, 1986).

Los asuntos sobre la familia de origen de cada esposo son importantes para los terapeutas cognitivos porque a menudo conforman temas centrales en las creencias sobre la relación. Trabajando con parejas, no es extraño oír frecuentemente afirmaciones como "Bueno, esta es la manera en que mi madre lo ha hecho siempre" o "Mis padres pocas veces necesitan discutir las cosas."

Es muy recomendable que los terapeutas inviertan tiempo explorando los recuerdos que tiene la pareja de las relaciones de sus respectivos padres. Esto ayuda a la pareja a entender mejor algunos de sus propios patrones de interacción, de modo que pueden empezar a progresar en el camino del cambio. Muchas personas aún creen firmemente que, puesto que sus padres hicieron las cosas de una determinada manera, esto es ley y ellos deben seguirla. Por ello no es extraño que, cuando su propia relación comienza a fracasar o entra en conflicto, se frustran fácilmente y se extrañan a menudo cuando ven que ciertas cosas funcionaron para sus padres y no para ellos. La diferencia, obviamente, puede deberse a un cambio de época o a un acuerdo no hablado que existía en una pareja determinada. Sin embargo, lo que importa es que debe quedar claro que los miembros de la pareja deben abandonar sus creencias sobre lo que funcionaba o no para otros miembros de la familia, y adoptar nuevas pautas para sí mismos. Esto también ayudará a reforzar la noción de que cada uno entre en contacto con las necesidades del otro, así como la importancia de lograr un mejor entendimiento del compañero. Esto puede lograrse a través del proceso de reestructuración cognitiva detallado en el

Capítulo 4.

Los terapeutas deberían usar la información obtenida durante las sesiones y mostrar activamente a los componentes de la pareja los momentos en que están guiándose por creencias derivadas de la familia de origen. Estas creencias deberían evaluarse para ver su funcionalidad en la situación actual, determinándose si deben ser mantenidas o abandonadas en favor de otras nuevas. Si se determina que las creencias son obsoletas, debe ponerse énfasis en la adopción de nuevos sistemas de creencias que funcionen para esta pareja.

Una vez completada la fase de evaluación inicial, se conceptualiza el caso y se establece un plan de tratamiento. Este debe ser sintetizado y compartido con la pareja en términos no clínicos que puedan comprender claramente. A continuación, se debe orientar a la pareja al modelo de Terapia Cognitiva.

Evaluador/a: ---------------------------------- Fecha: --------------------------------

Evaluación clínica inicial de parejas*

I. Datos de identificación:

Nombre del Paciente

Sexo ---------------------------------- Edad -----------Raza ------------------------

Profesión ----------------------------- Religión -------------------------------------

Nombre del Paciente

Sexo ---------------------------------- Edad -----------Raza ------------------------

Profesión ----------------------------- Religión -------------------------------------

Estatus de la Relación (marque):

Comprometidos	Casados	Separados	Segundas Nupcias
Divorciados	Cohabitación	Relación de pareja	

Duración del matrimonio (duración de la relación si no están casados):

----

* Este instrumento ha sido desarrollado y reproducido con el permiso de, The Center for Cognitive Therapy, Room 602, 133 South 36th Street, Philadelphia, PA 19104. Impreso con autorización.

Hijos:

Nombre	Edad	Sexo	Vive en casa
1.			
2.			
3.			

II. Problemas (obtener información de ambos):

Conyuge 1

Nombre: --------------------------------

1. ¿Cuál el mayor problema?

2. ¿Síntomas?
   a: Afectivos
   b: Fisiológicos
   c: Cognitivos
   d: Conductuales

3. ¿Desde cuándo tiene el problema?

4. ¿Problemas pasados similares?

5. a: Cuando más ocurren...
   b: Son más graves...

6. ¿Qué pensamientos?

7. ¿Imágenes?

8. ¿Alguna situación en que no ocurra?

9. ¿Sabe porqué?

10. ¿Qué ha hecho para remediarlo?

Conyuge 2

Nombre: ------------------------------

1. ¿Cuál el mayor problema?

2. ¿Síntomas?
   a: Afectivos
   b: Fisiológicos
   c: Cognitivos
   d: Conductuales

3. ¿Desde cuándo tiene el problema?

4. ¿Problemas pasados similares?

5. a: Cuando más ocurren...
   b: Son más graves...

6. ¿Qué pensamientos?

7. ¿Imágenes?

8. ¿Alguna situación en que no ocurra?

9. ¿Sabe porqué?

10. ¿Qué ha hecho para remediarlo?

11. ¿Alguna idea de hacerse daño? (Ideación suicida)

12. ¿Alguna idea de dañar a otros?

11. ¿Alguna idea de hacerse daño? (Ideación suicida)

12. ¿Alguna idea de dañar a otros?

***Nota*: Cuando se separa a la pareja para la evaluación individual, el terapeuta pregunta:**

13. ¿Quiere cambiar alguna de sus respuestas ahora que su esposo no está?

13. ¿Quiere cambiar alguna de sus respuestas ahora que su esposo no no está?

III. Problemas conjuntos:

1. Areas de conflicto:

2. Problemas de comunicación:

3. Problemas con terceros (hijos, padres):

4. Problemas sexuales:

5. Otras áreas de preocupación (problemas individuales que causan conflictos, etc.):

6. Historial de violencia fisica:

IV. Diagnósticos individuales:

Miembro de la pareja 1 Nombre: ------------------------------

Eje I (Diagnóstico)

Eje II (Características de Personalidad)

Eje III (Problemas Médicos)

Eje IV (Factores Estresantes)

Eje V (Funcionamiento Más Adaptativo)

Miembro de la pareja 2 Nombre: ------------------------------

Eje I (Diagnóstico)

Eje II (Características de Personalidad)

Eje III (Problemas Médicos)

Eje IV (Factores Estresantes)

Eje V (Funcionamiento Más Adaptativo)

V. Recomendaciones para Tratamiento:

Firma del Entrevistador Firma del Terapeuta encargado

4 Técnicas y procedimientos

EDUCAR A LA PAREJA EN EL MODELO COGNITIVO

Enseñar a la pareja el modelo de tratamiento es importante, especialmente para los terapeutas cognitivos. Al ser una forma de tratamiento que conlleva un abordaje tan estructurado y colaborativo es esencial que la pareja comprenda claramente sus principios y métodos. Esto es especialmente importante porque el terapeuta hará constantemente referencia al modelo y a conceptos específicos. Conocer y repasar el modelo hace que ambos esposos sepan lo que está sucediendo durante el proceso de tratamiento y refuerza la noción de asumir la responsabilidad de sus propios pensamientos y acciones.

Normalmente, el proceso educativo se da durante la segunda sesión conjunta. Sin embargo, puede plantearse de nuevo en cualquier otro momento de la terapia. Es aconsejable hacerlo durante una sesión conjunta para que ambos miembros de la pareja reciban la misma información. El modelo puede explicarse en los siguientes términos:

> "La terapia cognitiva está basada en un modelo en el que nuestra biología, estado de ánimo, conducta, pensamiento y entorno interactuan. Por ejemplo, si nuestro estado de ánimo es depresivo, nuestra conducta disminuye, nuestro pensamiento es negativo y nuestra biología cambia. Con parejas, su ambiente (historia, estructura familiar, presiones, etc.), salud, estados de ánimo, conducta, pensamiento interactuan. Por tanto, para mejorar sus relaciones, tenemos que ver qué podemos hacer en cada una de estas cinco áreas para ayudarles a sentirse mejor y llevarse mejor.

> Un área importante de la Terapia Cognitiva con parejas ayuda a que las parejas se den cuenta de los pensamientos disfuncionales que tienen en la relación y que llevan al conflicto. Las expectativas que usted lleva a la relación serán un elemento clave de la terapia. A menudo, las relaciones disfuncionales surgen cuando una o ambas partes de la pareja tiene creencias distorsionadas o expectativas poco reales sobre ellos mismos y la relación. Con el tiempo, a veces, la pareja llega a conclusiones negativas sobre la conducta del otro, lo cual hace que se vea al otro exclusivamente bajo un prisma negativo. Entonces, se puede tender a centrarse más en la conducta negativa del otro dejando de ver la positiva. Esto puede meterles en una espiral continua de interacciones conflictivas hasta que se encuentren constantemente discutiendo o se ignoren mutuamente por completo.
>
> La Terapia Cognitiva con parejas utiliza un conjunto de principios y técnicas que están diseñadas para cambiar y ampliar sus perspectivas a la hora de interpretar los significados y causas de sus conductas. Además, les voy a enseñar formas de comunicarse y resolver problemas que pueden funcionar mejor que sus recursos actuales. A través de estas técnicas pueden aprender a corregir sus interacciones erróneas y mejorar su relación".

El terapeuta puede elegir agregar o eliminar detalles a este resumen o puede presentarlo en varias sesiones. Esta información debe ser dada en un lenguaje similar al nivel de vocabulario de la pareja. Se puede también pedir a la pareja que complete su conocimiento del modelo a través de la lectura de libros tales como *Love is never enough* (Beck, 1988) o para conocer más ampliamente la Terapia Cognitiva el *Feeling good handbook* de David Burns (1989). La biblioterapia funciona mejor si el terapeuta selecciona algunas páginas o un capítulo que resuma la información ya discutida en la terapia. En general, no deben darse libros a los clientes y esperar que entiendan su relevancia para la terapia a menos que el terapeuta lo aborde con ellos antes y después. Es también importante explicar a la pareja que el trabajo asignado para casa será una parte importante del tratamiento.

Además, existen una serie de aspectos que deben ser resaltados tras explicar el modelo. La necesidad del terapeuta de estructurar las sesiones es crucial y por tanto debe ser explicada con detalle. Frecuentemente, las parejas con problemas tienden a resistirse a la estructuración dada por el terapeuta, especialmente cuando están en medio de una crisis. Por tanto, es importante que el terapeuta intente siempre estructurar las sesiones para intentar mantener el proceso terapéutico. Parte de la estructuración del proceso es el establecimiento de la agenda. Normalmente la establece el terapeuta y la pareja al inicio de cada sesión para planificar el curso de las sesiones. Esto ayuda a evitar desviarse de los temas claves del tratamiento (véase Capítulo 5).

Este es también el mejor momento para establecer las reglas básicas del tratamiento (por ejemplo, las llamadas al terapeuta serán mínimas, excepto si se da una crisis). No es raro que el terapeuta de parejas enfrente asuntos tales como la dominación del compañero, en la que uno de los miembros de la pareja intenta repetidamente contactar con el terapeuta por teléfono fuera de las sesiones para controlar el proceso de terapia. Otro dilema frecuente ocurre cuando una parte acusa al terapeuta de aliarse con un cónyuge y no tratar su caso objetivamente. Aquí es donde las reglas básicas de tratamiento pueden servir para proteger a todas las partes durante el proceso terapéutico.

Cuando el terapeuta piensa que la pareja conoce bien el funcionamiento del modelo y ha aceptado las reglas básicas, es el momento de que se familiaricen con el concepto de distorsiones cognitivas y con el cómo identificarlas.

Aunque existen distorsiones cognitivas en muchos ámbitos diferentes del funcionamiento individual, las distorsiones específicas que son objeto de tratamiento en pareja son aquellas relativas a la relación misma. Muy a menudo, surgen distorsiones relativas a aspectos externos a la relación de pareja. Puede que deban abordarse de forma individual, especialmente si son ajenas a la relación. Esta es una decisión que corresponde al terapeuta pues estos pensamientos pueden o no influir en la disfunción de la relación.

Como se describió anteriormente, existen ciertas distorsiones cognitivas comunes en las parejas. Identificar estas distorsiones y etiquetarlas es una parte importante del elemento estructurador del tratamiento. La siguiente sección presenta los conceptos de distorsiones cognitivas y cómo enseñar a la pareja a identificarlas.

IDENTIFICACION Y ETIQUETADO DE LAS DISTORSIONES COGNITIVAS

Ya que las distorsiones cognitivas son una parte integral del proceso de terapia, es esencial que la pareja aprenda, no sólo a reconocerlas, sino también a identificarlas rápidamente. Por tanto, una parte esencial del tratamiento, es el que el terapeuta se asegure de que la pareja lo entiende claramente. Un ejercicio consiste en que cada parte lleve un registro semanal de los pensamientos negativos y etiquete cualquier distorsión en esos pensamientos. Este diario debe ser revisado por el sujeto y el terapeuta hasta que el cliente consiga hacer este ejercicio con éxito. Es importante porque después el terapeuta se servirá de la habilidad de la pareja para reconocer e identificar las distorsiones. Cuando la pareja llega a las sesiones debe revisarse conjuntamente el registro de pensamientos negativos, identificando las distorsiones descritas en las siguientes páginas.

El tiempo utilizado en este tema es importante porque si no, los sujetos pueden considerar muchas distorsiones cognitivas como verdaderas. Por ejemplo, un hombre cuya esposa gasta más dinero de lo que el cree necesario para el hogar puede honestamente creer que su esposa está actuando en su contra. Puede ver las acciones de ella como una venganza directa contra él cuando en realidad puede no tener relación alguna.

La identificación de las distorsiones cognitivas implica cierto autoregistro que es fundamental en la Terapia Cognitiva para reestructurar los procesos de pensamiento. Las mismas distorsiones cognitivas presentadas en los primeros escritos sobre Terapia Cognitiva (Beck, Rush y cols., 1979) se usan en el tratamiento de parejas. A continuación se presenta una lista con las diez distorsiones cognitivas más comunes de las parejas.

1. *Inferencia arbitraria*: se sacan conclusiones careciendo de un apoyo que sustente la evidencia. Por ejemplo, un hombre cuya esposa llega a casa media hora tarde del trabajo concluye "Debe tener una relación con otro".

2. *Abstracción selectiva*: la información se saca fuera de contexto resaltándose ciertos detalles mientras que se ignora información importante. Por ejemplo, una mujer cuyo marido no responde a su saludo por la mañana concluye "Debe estar enojado conmigo otra vez".

3. *Sobregeneralización*: uno o dos incidentes aislados sirven para representar todas las situaciones similares, relacionadas o no. Por ejemplo, después de haber sido rechazado en una primera cita, un joven concluye "Todas las mujeres son iguales, siempre seré rechazado".

4. *Magnificación o minimización*: un suceso o circunstancia se percibe bajo un prisma mayor o menor del apropiado. Por ejemplo, un marido furioso explota al descubrir que la cuenta corriente está al descubierto y dice a su esposa "Estamos económicamente arruinados".

5. *Personalización*: se atribuyen sucesos exteriores a uno mismo cuando no existen suficientes pruebas para llegar a esa conclusión. Por ejemplo, una mujer encuentra a su marido planchando una camisa ya planchada y piensa, "Está insatisfecho conmigo".

6. *Pensamiento dicotómico*: las experiencias son codificadas como todo o nada, un completo éxito o un fracaso total. Esto se conoce como "pensamiento polarizado". Por ejemplo, un marido le pregunta a una esposa su opinión sobre el empapelado de la pared del cuarto de juegos y cuando ella critica las uniones del papel, el marido piensa para sí, "No puedo hacer nada bien".

7. *Etiquetado y etiquetado erróneo*: el sujeto usa las imperfecciones y equivocaciones del pasado para definirse a si mismo. Por ejemplo, tras continuos errores en la preparación de la comida uno de ellos afirma, "No valgo para nada" en lugar de reconocer que errar es humano.

8. *Visión de túnel*: algunas parejas ven sólo aquello que ellos desean ver o lo que se ajusta a su estado mental. Un hombre que piensa que su amante "hace cualquier cosa que él quiera" puede culparle al otro de elegir algo por razones puramente egoístas.

9. *Explicación sesgada*: este es un tipo de pensamiento casi suspicaz que las parejas desarrollan durante momentos de conflicto, en el que existe una suposición automática de que su compañero tiene una razón para actuar. Por ejemplo, una mujer se dice a si misma "está actuando muy cariñosamente porque luego probablemente desea que haga algo que sabe que odio hacer".

10. *Lectura de la mente*: este es el don mágico de ser capaz de conocer lo que los otros están pensando sin comunicación verbal. Uno termina adjudicando una intención negativa al otro. Por ejemplo, un hombre piensa "Se lo que se le está pasando por la cabeza, cree que no me entero de sus 'maniobras'".

Se ha constatado que estas distorsiones ocurren frecuentemente en parejas en conflicto y de hecho, pueden darse en la mayoría de las relaciones en un momento dado.

Se hace que las parejas se den cuenta de estas distorsiones y entonces se les instruye para identificar sí sus propios pensamientos coinciden con estas distorsiones. Siempre que una persona experimente un pensamiento automático sobre su pareja y lo identifique como pensamiento negativo o disfuncional, intenta etiquetarlo como una de las distorsiones anteriormente descritas. Cuando las parejas aprenden a asignar etiquetas a sus distorsiones cognitivas, entonces son capaces de reevaluar la estructura de su pensamiento.

En este momento debe quedar claro que la pericia del clínico es importante a la hora de determinar si existe o no una psicopatología en el proceso de pensamiento del cliente (véase Capítulo 3). Si no se detecta durante la fase de evaluación, cualquier trastorno de pensamiento, conducta o afecto puede detectarse con claridad en este momento. Si así sucediera, pueden plantearse formas de tratamiento alternativas. Dependiendo de la gravedad del problema se continuará o no con la terapia de pareja.

Por ejemplo, una pareja casada desde hacía 35 años inició la terapia cognitiva tras leer un artículo en una revista de salud. Durante el curso del tratamiento, mientras aprendían a identificar los pensamientos distorsionados, el terapeuta vio claramente que había una excesiva suspicacia de la esposa hacia su marido. Al indaga más, su suspicacia adquirió un matiz paranoide acompañado de una gradual descompensación en el funcionamiento a medida que se profundizaba más en la problemática. Como resultado, la mujer fue derivada al psiquiatra para una evaluación y la terapia se paralizó de forma temporal hasta que la esposa se estabilizara.

Cuando no existen problemas que interfieran severamente, se enseña a la pareja a observar sus pensamientos automáticos y a comenzar a identificar las distorsiones sirviéndose de las etiquetas. A continuación se presenta un ejemplo:

Pensamientos automáticos y distorsiones cognitivas

Pensamiento automático	Etiqueta
"Mi marido ya debería saber que odio los garbanzos en la ensalada"	Lectura de la mente
"Es demasiado tarde para hacer algo por este matrimonio. Ya esta perdido".	Magnificación

El objetivo de este ejercicio es que la pareja reconozca que sus pensamientos pueden estar distorsionados por una información insuficiente y ayudarles a registrar el tipo y frecuencia de distorsiones que tienen. Este registro consciente de sus pensamientos y distorsiones les ayuda a ser más consciente de cómo su pensamiento afecta a su pareja y a ellos mismos.

PROCESAMIENTO ERRONEO DE LA INFORMACION

Los teóricos cognitivos piensan que el pensamiento disfuncional y las distorsiones se originan por el erróneo procesamiento de la información. Se cree que los individuos aprenden formas inadaptadas de procesar la información como resultado de la exposición al medio ambiente y también debido a una tendencia biológica a categorizar y agrupar observaciones. Estos procesos incluyen percepciones e inferencias hechas a partir de ciertos estímulos. La escena típica de la mujer que tiene miedo a los ratones ilustra este proceso. Cada vez que encuentra un ratón, sin considerar su tamaño, esta mujer de comic comienza a chillar irracionalmente y se sube lo más alto que puede. Su creencia subyacente o esquema es que los ratones son temibles. Al preguntársele puede decir que no sabe bien porque exactamente teme a los ratones. Si se la presiona se puede descubrir que uno de los padres le enseñó que los ratones son sucios o contaminantes. Pero esta es una información insuficiente para sustentar una reacción tan exagerada. Este es un ejemplo de una creencia apoyada en una información insuficiente o falsa, o en pensamientos distorsionados. Carecen de información sustantiva.

ESTRUCTURACION NEGATIVA

Es interesante notar que las quejas de las parejas durante la fase de evaluación inicial a menudo se refieren a rasgos específicos de su pareja que son lo opuesto o el lado negativo de aquellas características que una vez tanto les atrajeron (Abrahms y Spring, 1989). Por ejemplo, en el caso de Barbara y Steve, Barbara dice que las características más intolerables de Steve son que es perezoso, exigente, puntilloso y distraído. Irónicamente, al preguntarle por algunas características que le atrajeron de Steve, enumeró los siguientes adjetivos: tranquilo, sabe qué esperar de los demás, preciso y relajado.

Cuando se cotejaron ambos grupos de características sobre el papel, Barbara pudo claramente observar que su impresiones negativas de Steve eran simplemente el lado negativo de lo que ella en un tiempo vio como características positivas. A continuación se presenta un ejemplo:

Rasgos iniciales	**Rasgos presentes**
Tranquilo	Vago
Sabe qué esperar de otros	Exigente
Preciso	Puntilloso
Relajado	Descuidado
Amoroso	Siempre busca el sexo

Plantear este concepto sirve como poderosa herramienta para que las parejas comiencen a aceptar la noción de estructuración negativa y cómo la estructura negativa en sí misma es muchas veces un mera distorsión de lo que en otro tiempo se consideró una cualidad atractiva. A menudo proporciona a las personas cierta esperanza y también les anima a analizar sus distorsiones. Significativamente aún más importante es que ellos pueden comenzar a cambiar sus percepciones mediante el cuestionamiento de la evidencia que sustentaba sus pensamientos.

Una vez que la pareja acepta el concepto de estructuración negativa este puede reforzar el modelo cognitivo. Esta técnica se utiliza con ambos cónyuges, preferiblemente durante una sesión conjunta. Alternativamente puede utilizarse durante una sesión individual y luego revisarla durante la sesión conjunta demostrando al otro cónyuge el proceso de reestructuración de un marco negativo a uno más positivo.

ENSEÑANZA DE LA IDENTIFICACION DE PENSAMIENTOS AUTOMATICOS

La clave del modelo cognitivo de terapia es la identificación de los pensamientos automáticos de los miembros de la pareja sobre ellos mismos y sobre la relación. Los pensamientos automáticos se definen como pensamientos, que ocurren espontáneamente en la mente del individuo, sobre ciertas circunstancias de la vida o sobre individuos del entorno. Estos pensamientos automáticos pueden ser tanto negativos como positivos. Sin embargo, en la mayoría de las situaciones conflictivas son negativos. Algunos de los pensamientos automáticos más comunes son:

- Si me amara pasaría más tiempo conmigo
- Ella sólo se preocupa de sí misma.
- La relación no tiene futuro.
- Nada de lo que hago le complace.
- No puedo hacer nada bien.

Enseñando a las parejas a observar sus pensamientos y sus patrones de pensamiento, desarrollan la habilidad de identificar pensamientos automáticos que espontáneamente aparecen en sus mentes. Son cogniciones que pueden desencadenar respuestas emocionales y comportamentales que a menudo causan conflicto.

Ya que muchos de estos pensamientos automáticos surgen de creencias desarrolladas lentamente a lo largo del tiempo, se corrigen y reestructuran mediante el uso de la identificación y la práctica. En términos simples, tales identificaciones permiten que los individuos piensen sobre lo que se dicen a sí mismos respecto a una situación o circunstancia.

Para mejorar la capacidad de identificar pensamientos automáticos, se instruye a los pacientes a anotar en libretas o cuadernos una breve descripción de las circunstancias que rodean al conflicto. Se debe incluir una descripción de la situación, los pensamientos automáticos que le llegan a la mente y la respuesta emocional resultante. Se puede utilizar una versión modificada del "Registro diario de pensamientos disfuncionales" (Centro de Terapia Cognitiva de Filadelfia). A continuación se presentan extractos de notas de clientes:

Situación/Hecho relevante	Pensamiento automático	Respuesta emocional
"Kareen ha gastado varios cientos de dólares de nuestra cuenta"	"No tiene ni idea de cómo organizar el presupuesto"	Frustración
	"Es su sutil forma de obligarme a traer más dinero a casa"	Rabia y resentimiento
"Todd ha vuelto a olvidar sacar la basura"	"Realmente espera que yo haga ese trabajo"	Resentimiento
	"Piensa que es demasiado bueno para ocuparse de una tarea tan vanal"	Ira y desvalorización

A través de este tipo de registro, el terapeuta puede demostrar a la pareja cómo sus pensamientos automáticos están asociados a respuestas emocionales y cómo esto contribuye a ver negativamente al compañero.

CONEXION DE LAS EMOCIONES CON LOS PENSAMIENTOS AUTOMATICOS

Cuando los esposos han aprendido con precisión a identificar los pensamientos automáticos, se trabaja sobre la conexión entre pensamientos automáticos y respuestas emocionales. Esto es importante porque se ha visto que muy a menudo los comportamientos impulsivos que dañan la relación son resultado de emociones intensas. Además, a menudo los esposos achacan ciertas experiencias o situaciones a su estado de animo minimizando su responsabilidad de poder influir en ese estado. Por ejemplo, un esposo afirmaba que no veía porque tenía que intentar arreglar su problema marital pues él, simplemente, ya no sentía nada por su esposa. Este sentimiento puede estar asociado a ciertos pensamientos automáticos que podrían explicar más claramente porqué sus sentimientos estaban adormecidos.

Un ejercicio que a menudo resulta muy útil para las parejas es que revisen sus diarios e indiquen las conexiones entre pensamiento y emoción. Luego utilizan un método de respuesta alternativa o corrección del pensamiento para producir un cambio emocional.

USO DE TECNICAS DE IMAGINERIA Y JUEGO DE ROL

Cuando las parejas identifican sus pensamientos automáticos y creencias básicas, a veces pueden tener dificultades para recordar la información pertinente sobre áreas conflictivas, especialmente durante situaciones emocionalmente intensas. Las técnicas de imaginería y juego de rol pueden ser extremadamente útiles para provocar los recuerdos de esas situaciones. Además, estas técnicas pueden también ser útiles y ayudar a la pareja a reavivar sus sentimientos respecto al otro (véase situación descrita en el Capítulo 3). El uso de la evocación de fantasías para recordar una vieja emoción hacia el otro durante la fase de noviazgo puede ayudar a las parejas a ver que aquellos sentimientos existieron y que pueden recuperarse si se esfuerzan.

El terapeuta puede utilizar estas técnicas durante toda la terapia. Pueden ser útiles en las primeras etapas cuando uno o ambos miembros de la pareja afirman que no pueden recordar tiempos más felices. El terapeuta puede sugerir a uno o ambos (en sesión conjunta o individual) que se centre en una escena o imagen del pasado, como por ejemplo los primeros aniversarios, cumpleaños, el día de la boda, noviazgo, etc. Esta sesión de imaginería puede ser más fructífera si el terapeuta hace que los sujetos se centren especificamente en lo que llevaba él o ella, cómo era la habitación en que estaban entonces, la evocación específica de otras personas presentes, etc. Detalles como estos pueden servir para desencadenar el recuerdo de los viejos sentimientos. Estos ejercicios pueden avivar sentimientos positivos o sentimientos que se creían perdidos. Una vez que el terapeuta logra una imagen positiva con los individuos, entonces pueden comenzar a asociar las emociones y los pensamientos automáticos positivos con dichas imágenes.

Las técnicas de imaginería no son ciertamente para cualquier persona y pueden a veces ser negativas. Por lo tanto, deben ser utilizadas con precaución. Las técnicas del juego de rol también se utilizan para hacer surgir sentimientos o pensamientos, especialmente en aquellas parejas que no son comunicativas en las sesiones de tratamiento. El terapeuta debe ser prudente y determinar cuando son apropiadas.

ELIMINACION, REFORMULACION Y ANALISIS DE PENSAMIENTOS AUTOMATICOS

El proceso de reestructuración de pensamientos automáticos consiste en presentar explicaciones alternativas y adoptarlas como parte del repertorio cognitivo del individuo. Para lograrlo, el cliente debe evaluar el pensamiento automático disfuncional. Cuando esto ocurre, tienen lugar la reestructuración de la percepción, lo que permite al cliente ver a su pareja o a la situación de manera diferente. Por ejemplo, el caso de una mujer que consideraba, por la actitud distante del marido, que este ya no la quería. La secuencia de sus pensamientos era:

Pensamiento Automático	Emoción	Distorsión Cognitiva
"Desde hace semana y media Bob se ha alejado de mi cada vez más. Esto significa algo"	Preocupación	Personalización
"No creo que me ame ya"	Triste Deprimida	Lectura de mente Inferencia Arbitraria

En este ejemplo, el primer pensamiento automático está acompañado de un sentimiento de preocupación y es un claro ejemplo de personalización ya que ella interpreta el comportamiento de Bob en función sólo de ella misma. De hecho, es posible que él estuviera distanciándose de todo el mundo. La mujer crea una inferencia arbitraria de lo que observa y deriva una idea global negativa, "El ya no me ama".

El siguiente paso es pedirle que analice sus pensamientos ponderando la existencia de pruebas y considerando explicaciones alternativas. Por ejemplo:

"¿Qué pruebas existen para corroborar este pensamiento?"

1. "No parece emocionado al verme cuando llega a casa".
2. "Es menos cariñoso que antes".

"¿Podría existir una explicación alternativa para esta conducta?"

1. "Quizá algo le preocupa. El trabajo o las finanzas quizá".
2. "Puede necesitar alejarse un poco de mí. Un espacio propio sin más".

Al ponderar la evidencia existente y ver que en realidad es insuficiente para sacar conclusiones claras, el sujeto puede plantearse una explicación alternativa. Esto probablemente reducirá el marco negativo que ha creado hasta que tenga la oportunidad de reunir datos adicionales. Puede obtenerlos observando durante más tiempo o mediante preguntas no amenazantes, respecto a cual puede ser la causa del distanciamiento entre la pareja. Esto último requerirá cierto entrenamiento en comunicación por parte de ambos esposos. Esta actividad podría al menos ayudar a establecer un clima de acercamiento en la esposa, haciendo que sus preguntas sean mucho menos acusatorias.

Evaluación de la explicación o respuesta alternativa

Posteriormente, los sujetos deben clasificar su nivel de creencia en las explicaciones alternativas. Es importante ya que esto puede no ser asimilado como una nueva parte de su pensamiento a menos que en cierto grado crea en ello. Por ejemplo, en la situación anterior la señora clasificó su creencia como del 50% en una escala de 0 a 100%.

Evaluación de esta creencia
"Creo que puede ser un 50% cierto".

Con el paso del tiempo, el terapeuta debe buscar que aumente el porcentaje de la creencia si hay nuevas pruebas que la sustenten.

Uso de la flecha descendente

La flecha descendente (Beck, Rush y cols., 1979) es una técnica utilizada para estimar los resultados anticipados de pensamientos automáticos y así la pareja puede evaluar si el desastre esperado tiene probabilidades de suceder.

También se usa para identificar el supuesto subyacente de los pensamientos automáticos y descubrir los "miedos ocultos". Se lleva a cabo identificando el pensamiento inicial, "Yo realmente me equivoqué" y se le pregunta a la persona, "¿Y qué si es así?"

En el caso de la mujer que piensa que su esposo tiene una mala opinión de ella, el esquema siguiente describe el uso de esta técnica, la secuencia de sus pensamientos y su pensamiento oculto o central.

Es la tercera vez en dos meses que dejo la cuenta al descubierto

↓

Sólo un idiota puede hacer un disparate así

↓

Hará que John me vea como una idiota

↓

De todos modos, ¿Qué puede esperar de alguien como yo?

↓

Cuando se de cuenta me deja

Queda clara la importancia que cometer un error con la cuenta tenía para esta mujer. El uso de la técnica de la flecha descendente demuestra como su pensamiento le lleva a cuestionar la verdadera necesidad que su esposo tiene de ella. Esta técnica permite, tanto al terapeuta como al individuo, observar el encadenamiento de pensamientos y cómo pueden llevar a conclusiones erróneas y reforzar pensamientos distorsionados. Es más, ayuda a identificar el tema central que es su baja autoestima y sentido de inadecuación.

El terapeuta puede usar la técnica de la flecha descendente tantas veces como desee y dejar de utilizarla cuando este y el cliente piensen que han llegado a la idea clave. Idealmente, la pareja utilizará esta técnica por sí misma.

Utilización de pruebas en la corrección de pensamientos distorsionados

Como se mencionó anteriormente, al reestructurar procesos de pensamiento y creencias subyacentes es esencial ayudar al individuo a aprender a confiar en las pruebas para sustentar la corrección de pensamientos distorsionados. La recogida de pruebas permite al sujeto sopesar la información alternativa frente a lo que actualmente utiliza el sujeto para formular sus creencias y pensamientos. Como la mayoría de los pensamientos distorsionados provienen de una información falsa o errónea, se necesitan pruebas alternativas para evaluar y cambiar los pensamientos existentes. Recoger y ponderar la evidencia de nuestros pensamientos es una parte integral de la Terapia Cognitiva.

Ponderación de la evidencia y análisis de predicciones

En realidad, sopesar la evidencia es una habilidad que necesita ser desarrollada a través del tiempo. Así como un fiscal o un patólogo forense necesitan ponderar cada prueba antes de tomar una decisión o buscar más datos, cada miembro de la pareja debe actuar de igual manera. Al dedicar tiempo a revisar cada información, el sujeto tiene tiempo para considerar cuidadosamente su validez. Escribir esto es especialmente beneficioso para que el individuo vea lo que realmente sabe. Otro aspecto de la reestructuración es analizar las predicciones. Cuando la evidencia resulta insuficiente, a menudo es una buena idea formular una hipótesis, pensar lo que puede ocurrir en cualquier situación y evaluar la predicción. Esta es otra forma de recoger datos. Por ejemplo, la esposa que temía que su esposo la rechazase por haber dejado la cuenta al descubierto, podría probar su predicción y ver si en verdad su marido la rechazaba preguntándole sobre su miedo y recabando pruebas concluyentes para evaluar sus pensamientos y decidir si eran o no viables. Probar las predicciones es otra forma de disipar pensamientos disfuncionales.

Práctica de explicaciones alternativas

De la misma manera que la pareja ha aprendido a funcionar en la vida diaria basándose en sus propios pensamientos distorsionados, debe reaprender formas alternativas de pensar basadas en la información recogida y practicar estos nuevos pensamientos diariamente. Para logarlo, pueden desarrollar explicaciones alternativas para distintas conductas y ejercitar su aplicación. Repitiendo este ejercicio, las parejas pueden aprender a reestructurar sus pensamientos y contrastar las distorsiones derivadas de la falsa información. Como tarea permanente para casa, el terapeuta puede hacer que las parejas practiquen estas respuestas y explicaciones alternativas hasta que lleguen a ser parte normal de su proceso de pensamiento. Un ejemplo esquemático de cómo ocurre (extraído del autoregistro de un varón) aparece a continuación:

> *Situación:* "Karen ha dejado nuestra cuenta al descubierto por varios cientos de dólares".
>
> *Pensamiento automático:* "No tiene ni idea de administrar la economía".
> " Es su modo sutil de forzarme a traer mas dinero a casa".

Respuesta emocional: Frustración. Ira y Resentimiento.

Evidencia: " Ha dejado la cuenta al descubierto pero no hay otra indicación de que sea mala administradora o de que quiera que traiga más dinero".

Hipótesis/Predicción: "Hay una clara posibilidad de que simplemente se haya equivocado".

Búsqueda de más información (Reformulación): Preguntar a la esposa si sabía que la cuenta estaba al descubierto. Dice que no y parece sorprendida.

Respuesta Alternativa: "Esto es posiblemente lo que sucedió. No va a por mí. Cometió un error".

Respuesta emocional: Menos frustrado y enfadado. Cometió un error.

Reformulación: consideración de lo negativo bajo un prisma positivo

La reformulación implica reunir todos los datos recogidos, sopesar la evidencia y desarrollar explicaciones alternativas y una nueva visión de la pareja. Esto reemplaza la estructura negativa que antes mantenía el cliente. Otra manera de lograrlo es ver los atributos negativos bajo un prisma positivo. Esto no debe confundirse con el "poder del pensamiento positivo". Por contra, sopesar pruebas reales es una manera más sistemática de ver a personas o situaciones bajo un prima diferente y más realista. Tampoco es algo que suceda de la noche a la mañana, las parejas deben comprender que son cambios graduales.

El terapeuta enseña a las parejas a integrar todos los datos recientemente obtenidos y a realizar un análisis conjunto de ellos. Este proceso queda demostrado claramente en el caso del Capítulo 7.

INCREMENTO DE LO POSITIVO EN LA RELACION

Además de las intervenciones cognitivas, la Terapia Cognitiva enfatiza el cambio conductual. En cualquier fase del tratamiento se pueden recomendar tareas conductuales para casa para mejorar la calidad de la relación, reforzar nuevas habilidades o cotejar la validez de los pensamientos tal y como se describió anteriormente.

Al comienzo de la terapia, el terapeuta cognitivo normalmente asigna tareas para aumentar las interacciones positivas en la relación. Este tipo de tareas o asignaciones conductuales fueron primeramente descritas por Stuart (1980) como "días para quererse".

En estos días, la pareja actúa con respecto al otro "como si" aún amara al otro, como en los mejores tiempos de su relación. Cada miembro de la pareja escribe una lista de pequeñas actividades, positivas y específicas, que le gustaría que su pareja hiciera por el/ella. Deben ser conductas que no formen parte del conflicto.

Después de revisarlas con el terapeuta, la pareja intercambia la lista y acuerda realizar, al menos, cinco actividades diarias. El argumento de tales actividades puede plantearse como sigue:

> "Al comienzo de nuestras relaciones, tenemos problemas, pero recibimos tantas cosas positivas de nuestra pareja que superan con creces las dificultades. Con el tiempo, es normal que la pareja haga menos cosas positivas el uno por el otro. Entonces, los problemas comienzan a importar más que lo positivo y podemos empezar a cuestionar el valor de nuestras relaciones.
>
> En el ejercicio de "días para quererse", van a hacer un experimento para descubrir qué pasa si aumentan de nuevo lo positivo de su relación. Es importante que lo hagan aunque estén enojados o no les apetezca. El compromiso es hacer por lo menos cinco acciones positivas por día. No hay exigencias respecto a cómo deben sentirse respecto a la pareja. Por contra, vamos a ver si las conductas positivas por sí mismas restauran los cimientos positivos de su relación como para que "valga la pena" resolver juntos el problema".

Este aparentemente pequeño intercambio de conductas positivas puede tener un profundo efecto en la relación de pareja. Muchas parejas encuentran que después de una o dos semanas de practicar los "días para quererse" sienten cosas más positivas hacia el otro. A menudo, se recuerdan espontáneamente los buenos tiempos de la relación. Este experimento conductual frecuentemente ayuda a establecer una expectativa positiva para el cambio. También ayuda en las interacciones de la pareja en el hogar. Muchas parejas deciden continuar con los ejercicios de los "días para quererse" aunque ya hayan dejado de constituir una obligación o compromiso de terapia.

ENTRENAMIENTO EN COMUNICACION Y RESOLUCION DE PROBLEMAS

Enseñar una comunicación más efectiva y métodos de resolución de problemas es un componente básico de la mayoría de terapias de pareja. Como se planteó en el Capítulo 2, la Terapia Cognitiva se basa en los métodos desarrollados principalmente por otros terapeutas de pareja, en su mayoría conductistas (Jacobson y Margolin, 1979; Stuart, 1980), para lograr estos objetivos. Un estudio más detallado sobre la comunicación de pareja aparece en Gottman y cols. (1976).

Dado que la terapia cognitiva es un abordaje educativo, es fácil incorporar el entrenamiento en comunicación durante el curso de la terapia. Observando las creencias que pueden interferir en una buena comunicación y resolución de problemas, el terapeuta cognitivo puede combinar los métodos tradicionales de entrenamiento en comunicación con los métodos de la terapia cognitiva en orden a identificar y cotejar creencias importantes.

Las siguientes secciones describen métodos para enseñar a las parejas a mejorar sus habilidades de comunicación y resolución de problemas. Se presentan las creencias básicas que pueden impedir que las parejas aprendan y practiquen estas habilidades. También se describen métodos para responder terapeúticamente a estas creencias.

Enseñanza de habilidades de comunicación

Los investigadores han encontrado que tanto los terapeutas como las parejas alegan que las dificultades de comunicación son los problemas más frecuentes y peligrosos de las relaciones conflictivas (Geiss y O'Leary, 1981). Muchas parejas llegan a la terapia diciendo que necesitan comunicarse mejor. La búsqueda de ayuda en cuestiones de comunicación muchas veces se traduce en, "Quiero que mi pareja me comprenda y esté de acuerdo conmigo y quiero que las cosas vayan mejor". Por tanto, muchas veces la primera tarea del terapeuta es ayudar a la pareja a entender que la buena comunicación no necesariamente implica acuerdo. Por el contrario, la buena comunicación implica aprender a hablar y escuchar de forma que conduzca a un entendimiento mutuo e idealmente a resolver problemas mutuos cuando hay desacuerdo. Por tanto, la primera meta terapéutica es ayudar a la pareja a ver la comunicación como un proceso de beneficio mutuo más que como una lucha de poder o un debate. Uno de los mejores medios para lograrlo es establecer un ejercicio básico de comunicación en el que la pareja hace turnos sucesivamente, tanto para hablar como para escuchar. A cada uno se le indican las cualidades del buen orador y del buen oyente (Beck, 1988).

Durante el ejercicio el terapeuta puede intervenir y guiar a la pareja en las áreas de mayor dificultad y que requieran mayor progreso. Después de este ejercicio de comunicación estructurado, el terapeuta puede pedir un feedback a la pareja respecto a las diferencias y similitudes de esta interacción con sus discusiones. También es importante que la pareja identifique lo que le gustó a cada uno del ejercicio y sus dificultades. El terapeuta puede ayudar a la pareja a aprender de este ejercicio las ventajas del trabajo conjunto (cada uno con sus diferentes tareas en función de sus respectivos roles). De la misma manera, el terapeuta puede ayudar a la pareja a descubrir que aunque es difícil escuchar de manera tan estructurada, el resultado es que cada uno lograr entender mejor los problemas del otro y que ambos pueden aprender más sobre el otro. Esto puede ayudar a resolver problemas mutuos y a minimizar la ira.

El siguiente diálogo ilustra este proceso:

Terapeuta: Pat y Chris, hoy acordamos practicar una manera diferente de comunicarnos. ¿Seguimos adelante con eso?

Pat/Chris: Seguro

Terapeuta: Tenemos que elegir un tema para discutir. ¿Ha habido algo importante esta semana o quieren hablar sobre uno de los temas de nuestra lista que aparecieron en las sesiones pasadas?

Chris: Hemos estado discutiendo sobre qué hacer el sábado a la noche, puede que esto ayude a aclararlo.

Terapeuta: ¿Está de acuerdo con el tema Pat?

Pat: (asiente con la cabeza)

Terapeuta: Bien. Esto puede parecer un poco artificial al principio, pero vamos a practicar el hablar y escuchar con reglas. Como un juego deportivo, somos cada uno un jugador que va a seguir las reglas, así el juego será justo. Primero van a hacer turnos de orador y oyente. El orador tiene pocas reglas y las del oyente son un poco más complicadas. Voy a dirigirme al oyente. ¿Quién quiere ser el orador primero?

Pat: Yo

Terapeuta: Bien Pat. Ud., como oradora, va a tratar de explicarle a Chris lo que piensa y siente sobre los planes del sábado por la noche. Trate de ser breve. Sabe lo que cansa que alguien se demore mucho. Además, intente centrarse en lo que siente y quiere y no en hablar sobre Chris. Por ejemplo, en vez de decir "Tu nunca tienes en cuenta mis sentimientos" trate de decir "Yo quisiera que escucharas mis sentimientos", "Yo siento ... cuando tú ..." ¿Entiende?

Pat: Si.

Terapeuta: Chris, ahora tiene el papel más difícil. Como oyente tiene dos objetivos, primero averiguar lo más posible sobre lo que piensa y siente Pat sobre los planes del sábado por la noche. Como buen oyente, va a querer saber todo lo posible. Esto puede ser difícil porque Pat puede que diga cosas que Ud. piense que son equivocadas o que le ponen furioso. Pero en el papel de oyente no puede rebatirle o responder con sus ideas.Por el contrario, va a escuchar y a hacer sólo preguntas. No comentarios. ¿Entiende?

Chris: Si.

Terapeuta: Además, cuando hayamos hecho esto cinco minutos, le voy a pedir que haga un resumen de lo que Pat dice para asegurarme de que entiende bien la postura de Pat. Pat va a decir si se deja algo. Cuando hallamos terminado vamos a cambiar de papeles y entonces tendrá la oportunidad de ser orador y Par será la oyente. ¿Están listos? (Afirman con la cabeza) Pat, empiece por decirle a Chris lo que piensa y siente sobre la salida del sábado por la noche.

Pat: Bueno yo ... (Pat describe durante dos minutos las razones para querer salir a cenar e ir al cine).

Chris: Pero, ¿no crees que sería igual de divertido quedarse en casa y ver un video? Podríamos comprar la cena.

Terapeuta: Esperen, la primera parte fue una pregunta Chris, pero no fue una pregunta para saber más sobre el punto de vista de Pat. Fue más parecido a un abogado examinando a un testigo (ambos ríen). Esto es bueno, hemos aprendido algo. No todas las preguntas nos ayudan a escuchar. Algunas preguntas derivan en debate que muchas veces provoca resentimiento. Trate de preguntar algo que verdaderamente muestre interés por las ideas de Pat.

Chris: No estoy seguro qué.

Terapeuta: Bueno, ¿Sabe cómo se siente Pat al salir en vez de quedarse en casa?

Chris: ¿Cómo te sientes cuando salimos?

Pat: Cuando salimos me siento especial. Como si fuera una cita y tu quisieras estar conmigo.

Chris: ¿No sientes lo mismo cuando nos quedamos en casa?

Terapeuta: Buena pregunta Chris. Ahora está preguntando sobre las experiencias de Pat. ¿Pat?

Pat: Bueno, no es lo mismo. Yo trabajo en casa y por eso me cuesta sentirme romántica si estoy allí todo el día.

(Pat y Chris continúan con la conversación unos minutos)

Terapeuta: Está bien Chris. ¿Puede resumirle a Pat cuales son las ideas principales y los sentimientos que escuchó?

Chris: A Pat le gusta salir de casa porque después de trabajar en casa todo el día es difícil sentirse romántico allí. Por eso también Pat se siente más cerca de mí cuando salimos, porque le presto más atención. Pat se siente sola cuando trabajo hasta muy tarde y luego hago otras tareas durante el fin de semana.

Terapeuta: ¿Olvidó Chris algo importante Pat?

Pat: No, fue casi todo.

Terapeuta: ¿Fue igual o distinto a su diálogo de esta semana?

Pat/Chris: Muy diferente.

Terapeuta: ¿En qué?

Pat: Peleamos y ambos nos pusimos furiosos. Antes no sentía que Chris me escuchaba.

Terapeuta: Dígale a Chris cómo le hizo sentir esto ahora.

Pat: Me hizo sentir bien porque ahora parecías realmente escucharme. Me siento menos furiosa porque por primera vez pienso que me escuchas.

Terapeuta: ¿Cómo fue para Ud. Chris?

Chris: Es difícil pensar preguntas. Y es difícil no enojarse o no poder dar una opinión cuando uno no está de acuerdo.

Terapeuta: Bueno, este es un punto importante, es realmente difícil escuchar cuando no estamos de acuerdo. A pesar de todo, ¿Tuvo esto alguna ventaja? ¿Aprendieron algo nuevo?

Chris: Creo que nunca me había dado cuenta lo difícil que debe ser quedarse en casa todo el día. Estoy fuera tanto tiempo que cuando llego a casa me siento bien y quiero quedarme allí.

Pat: Te he dicho muchas veces que me voy a volver tonta de estar en casa.

Terapeuta: Bien. Pero hoy Chris por fin le escuchó. ¿Por qué piensa que hoy le ha escuchado mejor a Pat?

Chris: Generalmente cuando hablamos sobre esto me siento criticado y pienso más en defenderme que en lo que Pat está diciendo.

Terapeuta: Oh, eso es importante, ¿Habló Pat de forma diferente hoy?

Chris: Si, más clamada y tranquila.

Terapeuta: Pat, ¿estuvo más calmada y tranquila?, ¿Por qué yo estoy presente o es debido a alguna otra cosa?

Pat: No pensé que debía gritar porque sabía que Chris me iba a escuchar.

Terapeuta: Entonces así hemos descubierto una serie de ventajas de este tipo de comunicación, "hablar y escuchar con reglas". ¿Podrían resumirme lo que han aprendido de las ventajas que esto tiene respecto a sus estilos típicos de comunicación?

(Pat y Chris resumen).

Terapeuta: Bueno. Ahora vamos a cambiar de papeles y vamos a escuchar lo que Chris piensa y siente sobre el sábado por la noche y yo voy a dirigir a Pat para que escuche y haga preguntas. Cuando lo hayamos hecho, Pat puede resumir el punto de vista de Chris. ¿Listo?

(Se repite el ejercicio destacando periódicamente el terapeuta las buenas preguntas, ayudando a Pat a pensar preguntas apropiadas e interrumpiendo cuando Chris o Pat rompen las reglas).

Terapeuta: Hoy han hecho un buen trabajo aprendiendo estas nuevas habilidades de hablar y escuchar. Se que no hemos resuelto de verdad el problema ahora, pero sé que saben cómo escuchar de una forma que parece funcionar un poco mejor. La próxima semana podemos retomar este punto y seguir con el próximo paso para resolver problemas y solucionar conflictos. Así, pueden sentirse mejor. Hasta entonces, ¿Qué les parece practicar en casa esta semana estas habilidades de hablar y escuchar?

Pat/Chris: Bien.

Terapeuta: Vamos a revisar y escribir las reglas para el orador y oyente, así podrán recordarlas. Les sugiero que escojan un tema fácil para practicar esta semana. Hasta que aprendan a hacerlo más fluidamente. Es más conveniente dejar los temas más difíciles para las sesiones y no tratarlos en casa. ¿Les parece bien?

(Pat y Chris están de acuerdo y sigue una breve discusión sobre cuando hacer esta tarea en el hogar).

En este extracto el terapeuta utiliza los principios de colaboración y descubrimiento de la Terapia Cognitiva para que la pareja entienda los beneficios de las nuevas habilidades que han adquirido. El terapeuta utiliza preguntas para guiar a la pareja, empleando sus propias palabras para que vean las ventajas de este tipo de comunicación. Al presentar así el proceso de descubrimiento, el terapeuta les ayuda a integrar la adquisición de habilidades y a incrementar la motivación para ponerlas en práctica Es parte de la filosofía de la Terapia Cognitiva aprender analizando las propias experiencias. Es preferible al aprendizaje basado en una clase didáctica o en experiencias no analizadas.

Dificultades comunes que impiden la adquisición de habilidades de comunicación

Enseñar a las parejas a escuchar el punto de vista del otro es importante, especialmente porque existe una tendencia natural a interpretar los sucesos de forma personal (Tyler y Devinitz, 1981). Hay una serie de factores que pueden limitar la capacidad de la pareja de aprender y practicar estilos de comunicación. Existen tres áreas comunes de dificultad que son:

- Déficits interpersonales
- Afecto intenso
- Creencias interferentes

Deficits interpersonales

Algunos individuos carecen de habilidades interpersonales básicas, incluso en situaciones no conflictivas. Una forma de evaluar estos déficits es preguntar a la pareja si alguno tiene dificultades al hablar o escuchar en otras relaciones interpersonales y en situaciones de la vida diaria. Observar la capacidad de hablar y escuchar de cada cónyuge con el terapeuta durante las sesiones, puede ayudar a evaluar posibles áreas problemáticas.

Estas dificultades pueden ser dificultades orgánicas del aprendizaje (por ejemplo dificultades en el proceso de recepción de material complejo o dificultades de aprendizaje psicológico como la escasa conciencia de los sentimientos o dificultades para empatizar con otros).

Pueden necesitarse evaluaciones adicionales (por ejemplo, tests neuropsicológicos) para determinar si existen déficits orgánicos o no. Será importante, entonces, educar a las parejas sobre las limitaciones orgánicas que acarrean los déficits. El terapeuta y la pareja pueden usar métodos para resolver los problemas de comunicación que ayuden al cónyuge con déficit (por ejemplo, escribir los puntos principales de una discusión para su procesamiento visual).

Si hay déficits de psicoaprendizaje, tal vez se necesitarán varias sesiones individuales o conjuntas para enseñarles las destrezas de las que carecen. Por ejemplo, a los adultos que no son conscientes de sus sentimientos o no sintonizan con ellos, se les da una lista de sentimientos y se les ayuda a identificar las sensaciones corporales asociados a los mismos. Las tareas para identificar sentimientos de una lista de situaciones en que se experimenta molestia puede ayudar a desarrollar una mayor toma de conciencia de los sentimientos en un corto lapso de tiempo.

Afecto intenso

Muchas parejas tienen dificultades para comunicarse con claridad cuando están extremadamente furiosos, ansiosos o deprimidos. De hecho, una alta activación afectiva parece estar correlacionada con errores en el procesamiento cognitivo (Beck, Emery y cols., 1985; Beck, Rush y cols., 1979). Si un miembro de la pareja experimenta rabia es difícil e irreal esperar que sea capaz de realizar bien un ejercicio de comunicación.

Por tanto, es importante enseñar a la pareja métodos para reducir una emoción intensa antes de practicar nuevas estrategias de comunicación. Si algún miembro de la pareja presenta ansiedad o depresión clínica (incluso en ámbitos externos al conflicto) podrían necesitarse sesiones individuales para aliviar el problema.

La rabia es la emoción más intensa y frecuente que puede interferir en la práctica de habilidades de comunicación. Aunque es necesario enseñar a la pareja a hablar de forma distinta sobre las cosas que les producen rabia, es mejor hacerlo cuando la rabia está en un rango de intensidad bajo o moderado. Por tanto, deben enseñarse métodos de "tiempo muerto" cuando la rabia es tan intensa que su comunicación es más destructiva que constructiva para la relación.

Beck (1988) describe el uso de "zonas de color" para identificar los grados de rabia y control de la pareja. La zona azul representa un rango de calma afectiva con buenas habilidades de comunicación. La zona amarilla describe el rango de rabia donde todavía hay cierto control sobre los pensamientos, palabras y acciones.

La zona roja señala la pérdida de control sobre lo que se dice, algunas veces con ataques físicos y un elevado grado de distorsión del pensamiento caracterizado por una visión extremadamente negativa de la pareja.

Se puede enseñar a las parejas a que practiquen habilidades de comunicación sólo si están en la zona azul. A medida que aumenten sus habilidades, pueden trabajar constructivamente en la zona amarilla, sin riesgo de escalar repentinamente a la zona roja. Como las discusiones en la zona roja se caracterizan por ataques, es preferible que la pareja deje de discutir cuando se entra en la zona roja, cualquiera puede pedir "tiempo muerto" en cualquier momento. El "tiempo muerto' es normalmente corto (unos 5 minutos dependiendo de la pareja) y tiene el objetivo de permitir que cada uno se tranquilice pasando a una zona emocional más constructiva. Resulta útil dictar normas claras para los "tiempos muertos" durante las sesiones de pareja. Por ejemplo, la pareja debería discutir lugares aceptable a los que ir en el periodo de tiempo muerto. Para una pareja cambiar de habitación era suficiente, pero salir de casa empeoraba la situación. Para otra pareja, sería tal vez deseable que uno abandonara la casa durante un tiempo con objeto de reducir el riesgo de un ataque físico.

Si hay abuso físico en la relación, la seguridad personal se convierte en prioridad. Cuando hay antecedentes de abuso físico puede ser necesaria una separación completa durante un tiempo, hasta que se pueda garantizar la seguridad física de la otra persona. Hay gran cantidad de literatura sobre estrategias para reducir la violencia física en parejas (Gangley, 1981; Neigid y Friedman, 1984; NiCarthy, 1982; Saumders, 1982; Sonkin y Durphy, 1982). Los terapeutas que tratan a esposos que abusan deben familiarizarse con la dinámica especial de estos casos y al mismo tiempo con los recursos comunitarios disponibles (por ejemplo: refugios para víctimas de violencia familiar, terapia de grupos para personas violentas).

Creencias interferentes

Muchas parejas tienen la capacidad de adquirir buenas habilidades de comunicación y muchas veces no las practican ni tan siquiera en situaciones de ira moderada. Las parejas pueden desear sinceramente mejorar la relación pero en realidad no hacen un gran esfuerzo. Esto puede confundir al terapeuta y a menudo es frustrante. En lugar de ver estos hechos como signos de "resistencia", en terapia Cognitiva estas circunstancias se pueden entender como señales de que existen presunciones y pensamientos importantes que interfieren con la comunicación y los esfuerzos por cambiar.

La desesperanza es uno de los impedimentos más importantes para cambiar. Las creencias de desesperanza más comunes son, "Mi pareja no puede cambiar", "Es demasiado tarde para nosotros", "Nuestros problemas son irresolubles", "Somos demasiado distintos para entendernos", "Las cosas empeorarán si las hablamos", "Mi esfuerzo no nos va a ayudar". La mayoría de las parejas tienen ideas de desesperanza al inicio de la terapia, por lo que es importante que el terapeuta busque e identifique esa desesperanza para tratarla al principio de la terapia. Un medio de identificarla y aislarla es administrar el "Cuestionario de creencias sobre el cambio" (Beck, 1988) mencionado en el Capítulo 3, el cual evalúa 14 áreas de desesperanza y otras actitudes que pueden relentizar la terapia si no se abordan a tiempo.

Una vez identificada la desesperanza, el terapeuta ayudará a cambiar estas creencias haciendo que la pareja las evalúe. Por ejemplo, si uno cree que el otro no puede cambiar, se puede programar un experimento para comprobarlo.

La siguiente transcripción ilustra este proceso.

Ann: No lo veo. Cuando está aquí dice que va a cambiar pero le conozco. En cuanto nos vayamos dejará de intentarlo.

Terapeuta: Esa es una idea importante Ann. Si lo que dice es verdad ¿Cómo influye esto en su disposición para intentarlo en casa?

Ann: Me parece de risa. Sólo hace todo esto para decir que lo intentó y que es mi culpa.

Terapeuta: Me imagino que eso le hace no querer hacer las cosas de diferente manera. Se debe sentir un poco desesperanzada.

Ann: Si, me siento vencida.

Terapeuta: Bueno, antes de aceptar la derrota podríamos evaluar esa idea que tiene. Si Tony no cambia, entonces tendremos que descubrir lo que significa eso y qué hacer al respecto. Pero si Tony cambia, ¿Quizá le haga sentirse mejor respecto a su matrimonio y a Tony?

Ann: Si, supongo que si.

Terapeuta: Hemos estado hablando de su deseo de que Tony le trate más cariñosamente. ¿Cómo sabrá si cambia en esto?

Ann: Si no me critica.

Terapeuta: Correcto. ¿Cuanto le critica ahora?

Ann: Todo el tiempo.

Terapeuta: ¿Cuántas veces al día?

Ann: Probablemente 20 veces.

Terapeuta: Veinte veces. Bien, podría cambiar y mejorar en esto y seguir criticándole. Por ejemplo, criticándole 10 veces al día.

Ann: ¡Eso significa que no me ama!

Terapeuta: Bueno, ciertamente cuando nos critican no nos parece que es amor. Pero antes de que puedan reconstruir el amor en su relación, tenemos que descubrir si los cambios son posibles, ¿Verdad?

Ann: Si

Terapeuta: ¿Ha tratado usted de cambiar un hábito muy arraigado? Por ejemplo, como cuando un programador informático cambia a un paquete de software distinto en el que los comando son diferentes a los que utilizaba antes.

Ann: Entiendo.

Terapeuta: ¿Cambian sus hábitos totalmente al momento?

Ann: Al principio cometí muchos errores hasta que me acostumbre al nuevo sistema.

Terapeuta: Bien. Cada vez que cambiamos algo, incluso si lo intentamos con ganas, caemos en los viejos hábitos sin pensarlo. Pero si realmente tratamos de cambiar, nuestros errores disminuirán poco a poco. ¿Entiende como Tony posiblemente necesita un tiempo para cambiar y que incluso una mejoría de 20 a 10 críticas por día puede ser un signo real de cambio?

Ann: Entiendo lo que dice. Pero cada crítica duele.

Terapeuta: Eso es importante. Quizá necesitemos hacer dos cosas. Primero necesita anotar el número de críticas que Tony le hace para ver si hay alguna reducción. Si no lo hace entonces una sola crítica puede doler tanto que va a decidir que él no está cambiando, incluso cuando haya un cambio real. Segundo, tal vez debería escribir las críticas y así podemos hablar sobre ellas aquí y ayudarle a encontrar si hay algún patrón en las criticas y podremos ayudar a Tony a cambiar un poco más.

Ann: Bien.

Terapeuta: Tony, ¿Qué le parece la idea de que Ann anote sus críticas? ¿Cree que va a ayudar a determinar si está cambiando, como prometió hacerlo?

Tony: Si. Voy a tratar de cambiar pero cuando Ann me recrimina mis errores eso me vuelve loco y me pone más furioso.

Terapeuta: Entonces, "le ayudaría que las contara y anotara en vez de decírselo cada vez?

Tony: Está bien. Eso va a ser mejor.

Terapeuta: Bueno, ahora tenemos un plan que posiblemente nos va a ayudar a comprender cómo cambiar la relación. Ya hemos aprendido algunas cosas que posibilitan el cambio. Ann, ¿Podría resumir lo que hemos hablado hasta ahora respecto al cambio?

Ann: No sucede de repente. Si me enojo con Tony por lo que hace eso le enfurece.

Terapeuta: Buen resumen, Voy a anotar que hablemos sobre el dolor que siente en la próxima sesión. Pero antes de terminar hoy quisiera sugerir que hablemos de algunas formas diferentes de ser más cariñosos uno con el otro durante la próxima semana.

Este caso muestra el uso de "preguntas socráticas" (Beck, Emery y cols., 1985) para ayudar a Ann a entender cómo su concepto sobre el cambio puede alimentar su desesperanza. Las preguntas socráticas son un tipo de preguntas inductivas usadas para dirigir al cliente en el examen y evaluación de sus creencias. En lugar de que el terapeuta rebata directamente las ideas de Ann, este hizo preguntas para ayudarle a relacionar los intentos de cambio de Tony con sus propios esfuerzos para cambiar. Al pedirle que comparase su propia experiencia con la de Tony, el terapeuta le ayuda a debilitar sus creencias básicas de que sólo un cambio total es válido. Se diseñó finalmente un experimento para evaluar las ideas de Ann de que Tony no cambiaría en vez de desacreditar su sentimiento de desesperanza o simplemente tranquilizarle. Nótese que el contenido, contexto y significado de las críticas de Tony fueron postergados para la siguiente sesión pues el terapeuta decidió que la desesperanza de Ann podría interferir con la probabilidad de que notase algún cambio en Tony en esa etapa inicial de la terapia. Al mismo tiempo, el terapeuta reconocía la importancia de los sentimientos de Ann y le aseguraba que esos temas serían tratados en la siguiente sesión.

De manera similar, hay pequeños experimentos que pueden evaluar otras creencias de desesperanza como por ejemplo la idea de que hablar en la terapia empeorará la tensión. Como en el ejemplo anterior, el terapeuta ayuda a la pareja a evaluar los intentos de cambio de forma realista de tal forma que el progreso logrado no se minimice por los errores o por un éxito parcial.

Un segundo tipo de creencias que pueden afectar a la buena comunicación tienen que ver con la intolerancia hacia el malestar emocional de los demás. Muchas personas creen cosas tales como "Soy malo si le causo dolor a alguien", "Si mi pareja sufre yo tengo que solucionarlo". Estas creencias pueden hacer que las personas no expresen dolor o rabia o pueden llevar al otro a resolver la situación inmediatamente o a disculparse anticipadamente, en vez de escuchar y entender los sentimientos del otro.

Estas creencias pueden evaluarse mediante el uso de los registros de pensamiento descritos en el Capítulo 3. El terapeuta también puede ayudar a la pareja a evaluar las ventajas e inconvenientes de estas creencias. Como sucede con la mayoría de las creencias, no es probable que se de un verdadero cambio hasta que no se ayuda a pareja a "probar" nuevas conductas (en este caso, expresar o escuchar sentimientos dolorosos) y después evaluar los costos y beneficios de esa nueva conducta.

En muchos casos, esta evitación del malestar emocional está relacionada con experiencias infantiles de patrones disfuncionales de expresión emocional en la familia de origen. En estos casos, es muchas veces útil revisar con la pareja los patrones que afectan especialmente a estas creencias. Cuando los clientes entienden como se desarrollaron estos patrones, puede evaluar mejor si el patrón es útil en su relación presente. Si el patrón actual se apoya en patrones disfuncionales se les debe ayudar a cambiar.

Un tercer tipo de creencia que puede afectar a los intentos de comunicarse tiene que ver con el miedo a la intimidad. Estas ideas son: "Si llegan a conocerme bien me rechazarán", "Si expreso mis verdaderos sentimientos me humillarán", "Estoy mejor solo" "Es arriesgado hablar de emociones, las cosas se pueden descontrolar" o "Si me acerco mucho y no funciona no seré capaz de afrontar el dolor".

Es importante identificar las ideas de miedo a la intimidad para que el terapeuta pueda ayudar al cliente a evaluar su utilidad y precisión. Una vez que se identifican, se pueden analizar en base a la experiencia del cliente. Es bueno analizaras en base a una escala.

Por ejemplo, la creencia "Estoy mejor solo" se expresa como absoluto. El terapeuta puede establecer una escala en un papel con dos extremos indicando "0% solo" y "100% solo". Se pueden identificar diferentes aspectos de la relación en los que el sujeto funcione en diferentes puntos de la escala. Por ejemplo, una persona puede decidir si comprar una casa al "0% solo", donde ir de vacaciones al "35% solo" y decidir sobre su trabajo al "98% solo".

La escala puede ayudar a que el individuo vea que hay ventajas tanto cuando se está solo como cuando se tiene un compañero. Entonces la pareja puede discutir los riesgos y beneficios del intercambio en diferentes áreas de sus vidas. Muchas creencias relativas al miedo a la intimidad pueden modificarse ayudando al cliente a descubrir que la intimidad no es una variable de todo o nada.

Aunque esta sección describe tres tipos de creencias importantes que pueden interferir con la buena comunicación, existen muchas otras creencias y miles de pensamientos idiosincrásicos que pueden interferir. Es importante que el terapeuta busque estas creencias (preguntado sobre los pensamientos automáticos que aparecen durante el ejercicio de entrenamiento en comunicación) de modo que puedan evaluarse directamente en la terapia. También es importante preguntar sobre las imágenes y memorias que aparecen (por ejemplo, "Parece un elefante, inamovible") porque pueden ser muy poderosas y también pueden cambiarse mediante técnicas cognitivas (cf. Edwards, 1989).

RESOLUCION DE PROBLEMAS

El aprendizaje de una buena escucha y exposición es la base fundamental de una buena comunicación. Una vez que la pareja lo domine, pueden aprender estrategias de resolución de problemas para aquellas áreas en las que existe desacuerdo.

La capacidad de escuchar y resumir el punto de vista de la pareja es un buen punto de partida para la resolución de problemas. Se puede pedir a la pareja que escriba los puntos claves del compañero antes de comenzar a resolver los problemas. Idealmente, se buscarán soluciones que satisfagan al menos algunas de las necesidades y expectativas de ambos miembros de la pareja.

Jacobson y Margolin (1979) desarrollaron un manual de resolución de problemas para parejas que describe estrategias para resolver constructivamente el conflicto. En este manual describen ciertos principios para una exitosa resolución de problemas, entre los que se incluyen el establecimiento de la agenda, la definición clara y especifica de los problemas, la discusión de sólo un problema cada vez, el énfasis en las soluciones en vez de en la culpa y el compromiso mutuo.

Estos principios son similares a los utilizados en la Terapia Cognitiva con Parejas. Cuando la pareja es capaz de hablar y escuchar de la forma descrita anteriormente, se pueden utilizar estas destrezas para establecer una agenda para la resolución de problemas. Cada problema puede definirse especificamente, como por ejemplo la división de las responsabilidades del cuidado de los niños.

Un método simple de resolver el problema es que la pareja plantee todas las soluciones posibles y que elija una en la que ambos estén de acuerdo. El terapeuta debe animar a la pareja a generar todas las soluciones posibles, incluso si algunas parecen descabelladas. Por ejemplo, se pueden plantear seis soluciones para el problema del cuidado de los niños el sábado. Las primeras cuatro pueden ser aceptables para Martha y la cuatro, cinco y seis aceptables para Mick. Como la cuarta es aceptable para ambos deberá ser la elegida.

Aunque este método simple de resolución de problemas puede resolver completamente muchos desacuerdos de pareja, no siempre es el ideal. En algunos caso, un problema puede ser más importante para un miembro de la pareja que para el otro. En este caso, parece más acertado elegir una solución que sea satisfactoria para el miembro de la pareja más preocupado incluso si no es la solución preferida por ambos.

A veces no hay una solución que satisfaga a ambos. En este caso, la pareja debe decidir quien se benficiará en la situación presente quizá considerando un beneficio posterior para el otro. Por ejemplo "Lo hacemos a mi modo está vez y al tuyo la próxima". Otras parejas pueden decidir que ambos queden satisfechos parcialmente (por ej., "Yo cuidaré a los niños a la mañana, y tu a la tarde"). Otras parejas pueden preferir que ninguno de los dos consiga lo que quería ("Yo no iré a la reunión y tu no irás a esquiar; nos quedaremos los dos con los niños en casa").

Incluso las parejas más flexibles adoptarán una de estas soluciones en algún momento. En la terapia de pareja es útil explorar todas estas alternativas de solución de problemas de tal forma que las parejas se sientan menos bloqueadas cuando están en desacuerdo.

Durante esta fase de solución de problemas de la terapia, frecuentemente surgen ciertos asuntos ocultos, tanto referidos a temas sistémicos, como a la dinámica de poder en la relación, como a creencias que pueden interferir con una exitosa solución de problemas. Las siguientes sección presentan estrategias para ayudar a la pareja a superar este tipo de puntos muertos.

Diferencias de poder en la relación.

En este libro entendemos "poder" como la capacidad de influir sobre el compañero. Casi todas las relaciones tienen algunas diferencias de poder. En algunas parejas, los diferenciales de poder suelen estar divididos: por ejemplo, un miembro puede tener más autoridad para tomar decisiones sobre dinero mientras que el otro puede tener más influencia sobre como pasan el tiempo. Otras parejas luchan para dividir de forma igualitaria todas las decisiones aunque las diferencias de conocimientos, poder adquisitivo o estatus pueden influir sutilmente en la toma de decisiones de la pareja.

Las estrategias de resolución de problemas usadas en la Terapia Cognitiva están basadas en el modelo colaborativo de poder equiparado. Además de las raices filosófico humanistas de la terapia, la apuesta por la toma de decisiones compartida está basada en estudios que sugieren que (a) las parejas insatisfechas tienden a usar más la coerción que la reciprocidad para ejercer influencia sobre el otro (Stuart, 1969), y (b) las estrategias coercitivas son menos efectivas que los métodos positivos de influencia (Raven, Centers y Rodrigues, 1975).

El terapeuta debe reconocer qué parejas no se adaptarán con facilidad a este modelo de reciprocidad. En estos casos, se necesita trabajar más con la pareja para ayudar a prepararles para las estrategias de resolución de problemas.

Por ejemplo, algunas parejas tienen un sistema rígido y jerárquico. En estas parejas, una persona tiene siempre la palabra final ("Yo diré lo que es mejor para la familia"). Esta mentalidad de "reglas absolutas" no se limita a los roles de género. A veces es el cónyuge más rico o más "atractivo" el que tiene todo el poder de decisión.

Para ayudar a crear un ambiente de colaboración en la pareja con estilos de poder rígidos o extremos, el terapeuta necesita ayudar a la pareja a que se den cuenta de que redunda en su propio beneficio compartir la toma de decisiones. Una forma de lograrlo, es preguntar a la pareja sobre las ventajas y desventajas de su actual estilo de toma de decisiones, enfatizando las ventajas de usar los conocimientos y puntos fuertes de cada uno para solucionar problemas.

Las diferencias de poder en algunas parejas resultan de la aplicación incuestionada de los valores culturales con los que han crecido (e.g., ambos pueden haber crecido en familias en las que la esposa tenía toda la responsabilidad y poder de decisión en los asuntos de los hijos, y el esposo tenía toda la responsabilidad de las decisiones económicas). En estos casos, el terapeuta puede hacer preguntas para ayudar a la pareja a identificar las áreas de sus vidas en las que ya han roto, de forma beneficiosa para ellos, con la tradición (e.g. la esposa puede estar trabajando fuera mientras que su madre puede que nunca lo hubiera considerado). Después, la pareja y el terapeuta pueden examinar si seguir la tradición en cuanto a las pautas de toma de decisiones les beneficia o perjudica.

Si uno o ambos miembros de la pareja sigue de forma rígida un sistema de poder unilateral, el terapeuta deberá considerar si la terapia de pareja puede ser efectiva (si la resolución de problemas es un área de tratamiento). Existen alternativas como la terapia individual (para ayudar a cada persona a examinar sus opciones dentro y fuera de la relación) o ayudar a la pareja a adaptarse a la situación actual en su relación. La última opción se elige sólo si la relación no es abusiva y es mutuamente aceptable. Por ejemplo, una persona muy dependiente puede elegir continuar con otra muy dominante por razones de seguridad y puede no querer explorar otras opciones.

Estilos de influencia en las relaciones

El poder es un constructo cognitivo y conductual. A veces, un compañero altamente influyente se ve a sí mismo sin poder y por tanto no asume ninguna responsabilidad respecto a los problemas de la pareja. Al examinar los diferentes estilos de expresiones de poder, la pareja puede ver como cada uno ejerce una influencia sobre el otro de formas efectivas e inefectivas.

Algunas personas usan métodos de influencia de persuasión directa. La persuasión directa puede lograrse mediante la discusión o puede ser una persistente solicitud hasta que la pareja acepta lo que el otro pide. Estos métodos, dependiendo de su tono, puede ser percibidos como positivos o negativos. Por ejemplo, una discusión puede ser un intercambio con ira, una demanda amenazadora, o un intercambio recíproco de ideas. Incluso una solicitud persistente, que es normalmente negativamente reforzante, puede ser recibida positivamente si se hace con tacto y humor.

Otros usan métodos más indirectos de influencia. Una mujer puede dejar a la vista una copia de *Love is never enough* (Beck, 1988) esperando que su pareja lo vea, lea y entienda que debe darse un cambio en la relación. Un hombre puede describir las opciones para salir a cenar, destacando las cualidades del lugar de su elección, pero a la vez dejando que su esposa elija el restaurante.

Las estrategias de influencia pueden evaluarse en función de si logran los objetivos de la pareja a la vez que minimizan los efectos negativos colaterales y maximizan los positivos. Se anima a la pareja a sopesar las ventajas y desventajas de los diferentes métodos.

Por ejemplo, las quejas continuas y escribir una nota pueden ambos resultar positivos aunque la nota puede minimizar la fricción e irritación en la pareja y por tanto ser un método de influencia más deseable. Algunos métodos de influencia (e.g. una discusión en las que ambos desvelan sus sentimientos y razones de una determinada postura) puede ayudar a profundizar en la relación de forma constructiva y sería por tanto preferible a métodos puramente coercitivos.

Creencias que pueden obstaculizar la solución de problemas

Hay una serie de creencias comunes que pueden bloquear incluso los mejores esfuerzos terapéuticos para enseñar a las parejas técnicas de resolución de problemas. A menudo un miembro afirma contundentemente "Ya he transigido demasiado" y no estar dispuesto a negociar. Las creencias relativas al cambio pueden también impedir la solución de problemas. Estas creencias son "Un pequeño cambio no basta" "Tenemos demasiado que cambiar" y "La solución debe ser perfecta".

La persona que cree que ya ha transigido demasiado ve cualquier negociación como algo injusto. Por tanto, el terapeuta debe ayudar a esta persona a ver las ventajas del intercambio en la relación antes de que se pueda dar la resolución de problemas. Un primer paso puede ser evaluar la percepción del cliente para ver si, de hecho, esta persona ha transigido mucho más que su pareja. A veces la gente no se da cuenta de lo mucho que su pareja transige. La revisión de estos hechos puede también ayudar a que la pareja se sienta comprendida por el terapeuta.

En segundo lugar, se pueden explorar las ventajas y desventajas de creer en el "compromiso paritario". Muchas relaciones intimas no demandan igualdad en el compromiso, por ejemplo, las relaciones padre hijo son normalmente desiguales, dando el padre mucho más que el hijo. Las amistades adultas son muchas veces desiguales durante diferentes periodos de tiempo y en función de las necesidades y recursos. Puede ser útil explorar las razones por las que los adultos estamos dispuestos a comprometer mucho para que una relación funcione.

Sin embargo, si ha existido una gran desigualdad durante un largo periodo de tiempo, puede que exista la necesidad de reconocerlo de cara a la futura resolución de problemas. Por ejemplo, puede que la pareja acuerde que su objetivo durante un tiempo sea buscar soluciones mutuamente aceptables más que buscar soluciones que únicamente satisfagan al miembro de la pareja hasta entonces dominante. El terapeuta puede enfatizar que es una estrategia temporal para recuperar la buena voluntad y confianza en la relación.

Si ambos miembros están de acuerdo en que hay una desigualdad puede que también sea deseable llevar a cabo un reconocimiento simbólico del miembro que está quemado con la relación. Un ejemplo sería la pareja en la que el esposo acepta cuidar a los hijos más de lo que le corresponde durante un año para que su esposa pueda estudiar.

Si la pareja lleva tiempo con problemas, puede que piensen que un pequeño cambio no basta. Otras parejas temen que como el cambio necesario es tan grande nunca lo podrán lograr. Un método útil de explorar estas creencias es presentar un modelo de cambio en el que el objetivo de la terapia sea producir los menores cambios necesarios para lograr el mayor efecto positivo.

Una metáfora que ilustra esta idea es la de la trayectoria de un objeto lanzado al aire. Un pequeño giro en el ángulo de tiro puede provocar una gran diferencia en cuanto al lugar donde el objeto llega. Respecto a las parejas, si un cónyuge cambia un poco su conducta, el otro puede percibirlo como un gran cambio por el significado simbólico de la conducta (K.A. Mooney, comunicación personal, 1989).

Esta idea puede relacionarse con el modelo cognitivo incluyendo pequeños cambios en el pensamiento, conducta, afecto y entorno. Muchos cambios pequeños, en conjunto, puede llevar a cambios profundos en la relación.

Finalmente, a algunos clientes les resulta difícil resolver problemas porque buscan la solución perfecta. Analizar las ventajas y desventajas de la falta de acción versus la acción imperfecta puede muchas veces ayudar a que estas personas flexibilicen su rígidos estándares. Algunas creencias comunes asociadas al perfeccionismo son "Sucederá algo terrible si no hago lo correcto", "Las soluciones inadecuadas demuestran que soy poco adecuado" y "Otras personas podrían encontrar una mejor solución".

5 Estructura de la terapia cognitiva con parejas

CURSO Y FRECUENCIA DE LAS SESIONES DE TERAPIA

Aunque la duración del tratamiento y el curso de la terapia varían en función de los problemas y recursos de la pareja, es posible especificar las etapas de terapia que completaron la mayoría de las parejas en Terapia Cognitiva.

La Tabla 1 muestra estas etapas y resume su explicación y métodos. Para cada etapa, se lista uno o más capítulos del libro que incluyen información sobre procedimientos y técnicas útiles. Aunque la tabla describe el curso de tratamiento para muchas parejas, el orden y cantidad de tiempo necesarios para cada etapa, dependerá de las necesidades y habilidades de cada pareja. Algunas etapas se repetirán durante el tratamiento.

TABLA 1. Terapia cognitiva con parejas: etapas de tratamiento

1. Historia y conceptualización de los problemas de la pareja (Capítulos 3 y 4)
   - Reunir información para la evaluación.
   - Explicar el modelo de tratamiento en función de la historia de la pareja.
2. Manejo de la ira (Capítulo 4)
   - En esta etapa, simplemente enfriar y contener los aspectos negativos.
3. Aumentar las conductas positivas en la relación (Capítulo 4)
   - Restablecer la base positiva de la relación.

- Ayudar a establecer una expectativa positiva de cambio.
- Introducir un espíritu de colaboración en las interacciones de la pareja en casa.

4. Enseñar a la pareja a identificar, evaluar y responder a pensamientos centrales automáticos (Capítulo 4)
   - Enseñar la identificación de pensamientos automáticos.
   - Asignar la tarea de anotar los pensamientos automáticos durante los problemas.
   - Enseñar a la pareja a evaluar y comprobar sus pensamientos automáticos en la sesión y en casa.
5. Enseñar habilidades de comunicación (Capítulo 4)
   - Usar técnicas estándar.
   - Combinarlo con la comprensión por parte de la pareja de que los pensamientos automáticos interfieren con la escucha y expresión efectiva; evaluar y comprobar estos pensamientos automáticos.
6. Explorar el tema de la ira (Capítulos 4 y 6)
   - A nivel superficial, aprender a evaluar los pensamientos automáticos relacionados con la ira.
   - A nivel más profundo, identificar dudas secretas, heridas y temores que alimentan las situaciones constantes de ira.
   - Ayudar a los individuos y a la pareja a responder a estas dudas, heridas y temores, de modo que las amenazas percibidas puedan ser resultas de manera más constructiva.
7. Enseñar estrategias de resolución de problemas (Capítulo 4)
   - Usar técnicas estándar.
   - Identificar y cotejar creencias que interfieren con los métodos estándar.
8. Identificación y cambio de actitudes disfuncionales y supuestos centrales (Capítulo 6)
   - Es importante para individuos y parejas con sistemas de creencias rígidos.
   - Aspecto clave de la terapia cognitiva con trastornos de personalidad.
   - Examinar las raíces históricas de las creencias disfuncionales centrales.
   - Comprobar la utilidad y validez actual de tales creencias.
   - Ayudar a construir actitudes más adaptativas a través de experimentos conductuales cuidadosamente diseñados, registros de predicción y registros de nuevas experiencias.
9. Prevención y recaídas.
   - Repasar los principios y estrategias de resolución de problemas aprendidos.
   - Anticipar problemas futuros y proponer soluciones.
   - Fijar una entrevista de seguimiento tras la finalización de la terapia.

Por lo general, las sesiones se fijan una vez a la semana y con una duración de cincuenta minutos. Si la pareja está en crisis, conviene una terapia de dos sesiones semanales. Hay terapeutas que prefieren sesiones de setenta y cinco minutos, lo que permite más tiempo para procesar la información de la pareja, especialmente al inicio del curso de la terapia cuando más se necesita tiempo para la evaluación y tratamiento.

Como ya se dijo, la Terapia Cognitiva es breve, con un tratamiento medio de 12 a 20 sesiones. Si hay dificultades o problemas que se complican con trastornos de personalidad en uno o ambos miembros de la pareja, se necesitarán tratamientos más prolongados. Se presentan algunas consideraciones para estos casos en el Capítulo 6.

SESIONES INDIVIDUALES VERSUS SESIONES CONJUNTAS

Los terapeutas cognitivos entrevistan a las parejas en forma individual y conjunta. Por lo general, la mayoría de las sesiones se realizarán en conjunto. Sin embargo, es útil entrevistar a cada persona individualmente al principio del tratamiento para identificar temas individuales importantes que pueden no aparecer en las sesiones conjuntas. También son útiles las sesiones individuales para explorar temas de la familia de origen que puedan estar influyendo en la relación actual.

Generalmente, se ve a ambos miembros de la pareja el mismo número de sesiones individuales, ya sea sólo una o varias. Si se requiriese una terapia individual extensa, es deseable que la realice un terapeuta distinto.

Como se constata en los diálogos que aparecen en este libro, los terapeutas cognitivos también trabajan a nivel individual durante las sesiones conjuntas. Puede ser de ayuda terapéutica para un cliente escuchar al terapeuta discutir un problema, identificar y evaluar los pensamientos automáticos y demostrar empatía hacia los sentimientos de la pareja. Con frecuencia la distancia que este papel de escucha secundario brinda, permite al cliente escuchar sentimientos e ideas con mayor claridad que antes.

El tema de la confidencialidad debe abordarse si el terapeuta entrevista a la pareja en una sesión conjunta y a sus miembros de forma individual. Hay terapeutas que informan a los clientes que cualquier información que se de en la sesión individual, no será confidencial. Es decir, la información dada en sesiones individuales se podrá discutir abiertamente en las sesiones conjuntas. Esto, por supuesto, debe decidirlo el terapeuta.

Por varias razones, puede ser mejor que las sesiones individuales sean totalmente confidenciales. Las sesiones individuales confidenciales permiten a cada miembro de la pareja descubrir ante el terapeuta información de importancia para la terapia pero que el individuo aún no está preparado para revelar a su pareja. Por ejemplo, un miembro de la pareja puede haber sido víctima de un incesto y jamás haber revelado la importancia del impacto de esto en la relación. Uno de los dos puede tener una relación extramarital y no estar preparado para revelarlo (véase Capítulo 6).

Si las sesiones individuales son confidenciales, el terapeuta puede trabajar en los temas individuales que afectan a la pareja. El terapeuta puede proteger la confidencialidad individual y a la vez ayudar a la pareja explorando con cada uno por separado los pros y contras de discutir estos temas ocultos en las sesiones conjuntas. Si uno tiene temas importantes que no está dispuesto a discutir en conjunto, el terapeuta puede alentarlo a trabajar personalmente en estos temas, ya sea para resolverlos o para lograr una mayor aceptación para su consideración posterior en las sesiones conjuntas.

Puede ser muy útil trabajar con los pensamientos automáticos del cliente respecto al sentido de los temas ocultos. Por ejemplo, la gente a veces no comparte información importante con su pareja por creer que pueden herirla o que causará daño a la relación. Es conveniente evaluar tales ideas porque a menudo mantener información oculta lleva a un distanciamiento mayor que el causado por revelarla y discutirla. A veces, la gente piensa que no es justo causar dolor a la pareja. Este tipo de creencia puede evaluarse tal y como se explica en el Capítulo 4 (págs. 60-64). El Capítulo 6 describe también la utilidad de evaluar el significado de las relaciones extramaritales.

ESTABLECIMIENTO DE LA AGENDA

Uno de los aspectos estructurales de la Terapia Cognitiva que ayuda al terapeuta y a la pareja a mantener el rumbo y trabajar en colaboración, es fijar una agenda al inicio de cada sesión. Esto se puede implementar de modo informal diciendo simplemente: "Mi plan para hoy es revisar lo que aprendieron esta semana, discutir las áreas en las que se sienten estancados, y continuar practicando los métodos que ensayamos la semana pasada. ¿Hay alguna otra cosas que quieran hacer hoy?". Otra forma alternativa es que el terapeuta comience preguntando, "¿Qué quieren que hagamos hoy?" y luego añadir la revisión de la tarea para casa y otros temas de la última sesión preguntando si estos son relevantes para la sesión actual. Siempre se debe incluir en la agenda la revisión de la tarea para casa asignada.

Algunos terapeutas que no están familiarizados con la terapia cognitiva pueden pensar que el establecimiento de una agenda es un acto controlador por parte del terapeuta. En realidad, la fijación de la agenda sirve para dar al cliente más control. Sin ella, los clientes con frecuencia comienzan a hablar de temas que son menos amenazantes, dejando otros temas críticos para más tarde. Ya que el terapeuta puede no saber que estos otros temas existen, puede que explore los temas iniciales con tal profundidad que no habrá tiempo después para los temas importantes de la pareja.

Al establecer una agenda, el terapeuta y sus clientes pueden juntos determinar prioridades sobre los temas que se discutirán en la sesión. Otro aspecto de la estructuración de la terapia es determinar cuánto tiempo dedicar a cada tema para que la discusión se oriente al problema y no se divague. Obviamente, una agenda, aunque establecida, debe ser flexible. Puede suceder que un tema al que se le asignó 15 minutos pueda abrir áreas problemáticas importantes. En estos casos, se debe adaptar o cambiar completamente la agenda para responder a la nueva información emocional y cognitiva.

ASIGNACION DE TAREAS PARA CASA

Una parte de la Terapia Cognitiva implica la práctica en el hogar y el aprendizaje de tareas o asignaciones. La investigación de terapia cognitiva con la depresión mostró que aquellos clientes que cumplían las tareas mostraban un progreso mayor y más rápido que quienes no hacían las tareas (Persons, Burns y Perloff, 1988; Primakoff, Epstein y Covi, 1986). El motivo para asignar tareas es que la gente aprende mejor haciendo las cosas. Como el modelo cognitivo relaciona pensamientos, sentimientos, conducta, biología y ambiente, se pueden asignar tareas para casa que faciliten pequeños cambios en una o más áreas, de manera que se puedan describir cambios mayores resultantes de los cambios pequeños.

Hay dos tipos básicos de asignaciones de tareas para casa en la terapia cognitiva: la de observación y la experimental. Ambos se pueden dar individualmente o a la pareja e incluir pensamientos, sentimientos, conducta, biología y ambiente. Cualquiera que sea la tarea, debe ser diseñada conjuntamente para que resulte relevante para los problemas centrales de la pareja; debe ser algo para lo que los clientes tengan las habilidades e, idealmente, puedan comenzar en la sesión de terapia. Estas características aumentan la probabilidad de que las asignaciones se cumplan.

Las asignaciones de observación son: constatar y escribir sentimientos y pensamientos automáticos, llevar un registro de conductas positivas o problemáticas, observar a otras parejas para ver similitudes o diferencias en el comportamiento o pautas de comunicación y llevar un diario temporalizado para ver si existen pautas y si las hay, si están ligadas a horas del día, actividades o estados de ánimo.

Las asignaciones experimentales son tan variadas como los problemas de la pareja. Hay asignaciones como: ensayar un nuevo estilo de conducta o comunicación y registrar el resultado, llevar un registro de pensamientos automáticos y ver si esto reduce una emoción negativa, cambiar la hora del día o las condiciones (beber alcohol, por ej.) en las que tiene lugar cierta interacción y pedir a la pareja que pruebe nuevas estrategias de resolución de problemas tales como escribir notas en vez de refunfuñar.

Estas tareas son vitales para lograr los objetivos de cambiar las creencias o para adquirir nuevas habilidades. Es importante que el terapeuta y los clientes sean conscientes de que esto requiere práctica o experimentación durante un cierto tiempo, para que se logre un cambio estable. Por ejemplo, un marido practicó escuchar a su esposa sin interrumpirla o sin dar soluciones prematuras al problema. Los experimentos resultaron y ella sintió que él la escuchaba mejor. Sin embargo, ella no estaba dispuesta a convencerse de que el problema estaba resuelto hasta que mantuvieron esta pauta durante varios meses.

A veces los clientes no cumplen sus asignaciones. Hay muchas razones para no cumplir las tareas incluyendo factores del terapeuta y de los clientes. Los terapeutas pueden influir en el incumplimiento asignando muchas tareas, no eligiendo una tarea relevante para las preocupaciones principales de la pareja, no preguntando por la tarea en la sesión siguiente, no siendo claro en la asignación de la tarea, no pidiendo al cliente que escriba la tarea o por olvidarse de evaluar y solucionar las razones por las que el cliente no hizo su tarea.

Aunque la tarea esté bien elegida e integrada en la terapia, los clientes pueden no hacerla. En tales casos, es importante que el terapeuta y los clientes comprendan lo que les impide hacer las tareas. A veces, son problemas pragmáticos (por ej. el cliente estaba enfermo, o surgió una emergencia que les obligó a dejar la tarea). Otras veces, los clientes no hacen las tareas porque piensan que su problema no tiene solución (véase el caso del Capítulo 4, págs. 72-74)

Otras creencias del cliente que pueden llevar al incumplimiento de la tarea son: "No puedo lograr que se den cambios", "Así soy y no puedo cambiar", "Lo único que funcionará es ...", "Esta tarea no tiene sentido" y "Si intento hacer la tarea, las cosas van a empeorar". El terapeuta debe estar alerta ante este tipo de creencias y cotejarlas durante la sesión mediante el método socrático y también asignando pequeñas tareas para analizar estas creencias.

SESIONES DE APOYO Y SEGUIMIENTO

La prevención de recaídas ha sido un tema importante en la investigación y la práctica clínica en la última década (Marlatt y Gordon, 1985). Al ofrecer un aprendizaje estructurado, la terapia cognitiva es ideal para ayudar a prevenir una recaída. En las últimas sesiones de la terapia, el terapeuta y la pareja pueden revisar las estrategias aprendidas y los pasos de resolución de problemas para manejar futuras dificultades. El terapeuta puede dar a la pareja varias situaciones problemáticas similares a las tratadas y pedirles que muestren cómo las manejarían solos.

Otro paso más para mantener los logros es fijar sesiones de seguimiento y apoyo. Para eso, se invita a la pareja a asistir a una o más sesiones en los seis meses posteriores a la finalización de la terapia. Estas sesiones son útiles aún cuando la pareja funciona bien después de la terapia. La pareja puede revisar cuáles son las habilidades y las pautas que hacen exitosa la relación. Las sesiones de apoyo pueden usarse también para responder a preguntas y resolver problemas que la pareja no haya podido solucionar por sí misma.

6 Temas especiales de la terapia con parejas

Existe un número de circunstancias especiales que por ocurrir con bastante frecuencia merecen una consideración especial. En este capítulo trataremos ocho temas importantes. 1) Situaciones de crisis. 2) Ira y violencia. 3) Infidelidad. 4) Deseo de uno de los miembros de terminar. 5) Cuándo es el momento de terminar una relación. 6) Cómo modificar la terapia cuando hay trastornos psiquiátricos en algún miembro de la pareja, por ej., trastornos de la personalidad. 7) Aspectos culturales. 8) Terapia con parejas de homosexuales y lesbianas.

SITUACIONES DE CRISIS

Con frecuencia una crisis llevará a una pareja a comenzar una terapia, incluso cuando ésta normalmente no hubiera considerado la posibilidad de tratamiento. En algunos casos la pareja decidirá buscar el consejo de algún miembro de la iglesia o de la familia.

Las situaciones de crisis pueden ser embarazos no deseados, el descubrimiento de una infidelidad, una discusión que resulte en una pelea física o en arresto, el abuso de droga o alcohol, y demás. Muchas veces, las crisis de este tipo conllevan una intervención de emergencia durante varias sesiones. Reducir la emergencia normalmente es más prioritario que seguir el curso normal de las entrevistas iniciales. Una vez que la inestabilidad se reduce, el terapeuta puede proceder a establecer una evaluación más global y los objetivos de tratamiento siguiendo el procedimiento descrito en el Capítulo 3.

Cuando se trabaja con situaciones de crisis los siguientes pasos pueden ser de mucha ayuda para estructurar las sesiones.

Primer Paso: Conceptualice rápidamente el problema inmediato de la pareja. Esta sesión debería ser una visita larga empleada para evaluar los problemas inmediatos y los recursos. El terapeuta puede necesitar evaluar si la pareja puede o no permanecer junta de manera segura, sin que haya peligro durante la crisis. El uso de cuestionarios o inventarios en este momento no suele ser posible.

Segundo Paso: Enseñe inmediatamente a la pareja a analizar la intensidad de sus sentimientos. Y, si es posible, a identificar los pensamientos automáticos que contribuyen a su malestar. Esta instrucción debería darse a la vez que se enseña a la pareja cómo cortar o separarse durante las discusiones o los períodos de agitación.

Tercer Paso: Explore las respuestas y los comportamientos alternativos. Si un comportamiento es eliminado, éste debería ser reemplazado por otro alternativo. Por ej.: reemplazar el gritar por una conducta de escribir los desacuerdos. Si la pareja decide separarse, pida que decidan a donde ir hasta que puedan llegar a un acuerdo de manera segura.

Cuarto Paso: Practique los pasos Primero a Tercero en el consultorio y pídales que los acepten como un procedimiento provisional. El lograr un acuerdo de colaboración en este punto es de extrema importancia (Véase Capítulo 2, pág. 33-34).

Quinto Paso: Planifique sus sesiones de seguimiento tan pronto como sea posible. Puede ser deseable tener contactos telefónicos entre la visita de emergencia y la sesión de seguimiento.

Sexto Paso: El terapeuta debe usar su juicio clínico para recomendar a la pareja si debe o no vivir junta durante la crisis. Esto es especialmente importante si la crisis conlleva situaciones de abuso físico. El terapeuta debe proceder con mucha precaución en tales casos y es posible que pueda querer considerar situaciones de viviendas temporales. El uso de las técnicas básicas de solución de problemas debe aplicarse con modificaciones para su uso a corto plazo (Véase Capítulo 4, pág. 76-80).

SITUACIONES DE IRA Y VIOLENCIA

A lo largo de este libro los casos que se han utilizado como ejemplos han enfatizado las situaciones de ira y conflicto, porque estas son las expresiones más típicas de los problemas de relación. Sin embargo, para algunas parejas estos problemas pueden llegar a niveles muy peligrosos con la presencia o riesgo de violencia física. Algunas parejas hacen frecuentes llamadas de crisis al terapeuta, preguntándose si deberían separarse debido a que su ira es muy intensa.

Cuando la ira llega a niveles muy elevados, se requiere una atención especial por parte del terapeuta. Si hay riesgo de violencia, la seguridad personal de ambos miembros de la pareja debe anteponerse a las metas de la terapia. Algunas veces la separación física es la única garantía de seguridad en la pareja y debe ser recomendada.

Una mujer llamó a su terapeuta e informó que su esposo la había golpeado y amenazado de muerte durante una discusión la noche anterior. El terapeuta la ayudó a explorar opciones para su propia seguridad, como vivir temporalmente con una hermana o llamar a un refugio local para mujeres víctimas de abusos. Además de esto, el terapeuta le sugirió no encontrarse a solas con su esposo y optar o preferir hablar con él por teléfono o en presencia de otras personas hasta que la crisis estuviera resuelta. Es también aconsejable en estos casos de violencia física que se recomiende al miembro de la pareja víctima del abuso a plantear una denuncia.

A los terapeutas que no estén familiarizados con la violencia doméstica se les anima a que aprendan sobre la dinámica especial de las relaciones de violencia (Finkelhor y cols., 1983; Gelles, 1972; Pagelow, 1981; Walker, 1979, 1984) y sobre los recursos comunitarios locales, tales como los grupos y refugios para víctimas de violencia doméstica y grupos de terapia para personas que maltratan a otras.

Utilizando el modelo cognitivo pueden identificarse y evaluarse una serie de creencias comunes. La perspectiva de la Terapia Cognitiva es de mucha ayuda para trabajar con parejas violentas. Por ej., una persona que abusa de otra puede decir, "No es culpa mía, cuando ella actúa de esa manera me vuelvo tan loco que no puedo evitar golpearla". El terapeuta puede ayudar a esta persona a ver que sí tiene alternativas de control sobre sus respuestas. Las buenas preguntas socráticas incluirían algunas como las siguientes: "¿Qué ha hecho usted cuando se ha puesto furioso en el trabajo o conmigo en la terapia?, o bien "¿Qué haría si de repente se pusiera furioso y tuviera un oficial de policía parado justo a su lado?"

Las personas que son golpeadas en una relación también tienen creencias que las mantienen dentro del ciclo de la violencia. Algunas creencias comunes son las siguientes: "Esto nunca volverá a pasar", "No puedo hacer nada por mí mismo, de modo que no tengo otra alternativa que soportar esto", o bien "Yo hice algo para merecer esto", o "Estamos casados y lo único que puedo hacer es soportarlo", o "Lo que pasa es que están borrachos, así que no es realmente un problema serio".

Para aquellas personas con alto riesgo de violencia, se recomienda que ambos asistan a *counseling* individual para ayudarles a evaluar estos tipos de creencias y para que aprendan estrategias para reducir estos riesgos de violencia. Con frecuencia la pareja necesitará vivir separada hasta que ambos estén lo suficientemente fuera de la crisis como para trabajar en sus problemas mutuos, bajo el mismo techo y sin riesgo. Las terapias de grupo con personas que abusan de otras, o con víctimas de violencia pueden ser de mucha ayuda (NiCarthy, Merriam y Coffman, 1944; Sonkin y Durphy, 1982).

Incluso en parejas donde no existe la violencia física, la ira intensa puede ser extremadamente desagradable, una importante causa de tensión. El modelo cognitivo de la ira, tal como fue planteado por Beck (1988), puede ayudar a las parejas a identificar las causas primarias de su discordia. Beck sugiere que el dolor y el miedo subyacen a la mayor parte de las respuestas de rabia o ira. El terapeuta puede ayudar a cada uno de los miembros de la pareja a identificar el dolor y el miedo subyacente con preguntas como las siguientes: "¿Qué le pone furioso en este caso?", "¿Qué significa esto para usted?", "¿Qué le dice de usted mismo?", "¿Qué sería lo peor que podría suceder si esto continuara?" Haciendo estas preguntas repetidamente y enseñando a la pareja a hacer esto cuando la ira aparezca o se sientan furiosos puede ayudarles a aprender a identificar el dolor y el miedo en cualquier momento en que la ira aparezca.

El identificar el dolor, el temor o el miedo que acompaña a la ira tiene dos ventajas: en primer lugar, estos sentimientos alimentan el ciclo de la ira, que puede no resolverse a menos que se expresen y se den respuesta a estas otras emociones; en segundo lugar, es normal que las personas respondan a la ira de su pareja con respuestas defensivas o de ira, mientras que la expresión del temor o del dolor recibe normalmente respuestas de apoyo o disculpa. Por lo tanto, si las parejas pueden aprender a expresar el dolor y el temor que esconden detrás de su ira, crean una buena base para que el conflicto sea reemplazado por la mutua comprensión, apoyo y resolución del problema.

INFIDELIDAD

Las aventuras frecuentemente acompañan o preceden al malestar en las relaciones. Los aspectos relacionados con la confidencialidad cuando se revela una aventura fueron mencionados en el Capítulo 5. Este capítulo explora el significado de los romances y aventuras y como el terapeuta puede ayudar a sus clientes a considerar las implicaciones que una aventura tiene para la relación principal.

Algunas parejas y terapeutas creen que una vez que ocurre una aventura la relación está perdida. Esto no es necesariamente así aunque algunas veces sí señala el final de una relación. La tarea más importante para el terapeuta cuando surge una aventura es descubrir el significado que esa otra relación tiene para el individuo que está viviendo la aventura, así como el significado que tiene para la relación primaria.

Un cliente tuvo una serie de relaciones porque creía que esta era una conducta normal en un hombre. Su padre siempre había tenido una amante y cuando creció le habló de la importancia de tener otra pareja sexual además de la esposa. Este hombre amaba de verdad a su esposa y no podía entender porque se enfadaba con sus aventuras, porque ninguna de estas mujeres eran importantes para él. Se discutieron estas creencias en la terapia de pareja, y pudo comprender que sus aventuras estaban dañando la relación con su mujer. Estaba dispuesto a abandonar las aventuras y cotejar la idea de que es posible que un hombre esté sexualmente satisfecho con una sola mujer.

Una razón usual por la que la gente tiene aventuras es porque están insatisfechos con su relación presente y sienten que las posibilidades de cambio son nulas. En estos casos, la persona que está teniendo la aventura normalmente acepta terminarla cuando ven que su relación principal mejora.

Otra idea común sobre las aventuras es "Me siento atraído hacia X, por tanto tengo que actuar en consecuencia". El terapeuta puede intervenir sobre esta creencia haciendo preguntas socrácticas que ayudan al individuo a descubrir que muchas veces no ha actuado siguiendo esos mismos principios. La gente siente una atracción romántica hacia estrellas de cine, profesores, empelados, colegas casados, terapeutas y otros, y puede que no eligan dejarse llevar por ellas. El identificar estos tipos de relaciones en la experiencia del cliente le ayudará a darse cuanta de que la atracción no requiere acción.

A veces la gente tiene aventuras porque se enamora de otra persona. Estas aventuras pueden ser las más difíciles de resolver, especialmente si la persona se siente comprometida con ambas parejas. La persona enamorada de otras dos necesita o bien elegir a una de ellas o establecer un acuerdo con todas las partes que le permita tener dos relaciones. Muy pocas parejas aguantan el estrés que implica una relación no monógama aceptada, aunque esta puede ser una opción que algunas parejas deseen explorar.

Cuando una persona está enamorada de otra que no es su cónyuge o pareja, también puede elegir el terminar la relación primera para comprometerse en la nueva relación. En estos casos, el terapeuta de pareja les puede ayudar a separarse. Además, el terapeuta puede ayudar a la pareja asegurándose de que la persona que tiene la aventura analiza la situación cuidadosamente.

Por ejemplo, la aventura puede representar una manera de evitar algún reto vital para el individuo. Una mujer quería dejar a su esposo, con el cual llevaba diez años, debido a que el amor había desaparecido. Después de varias sesiones individuales ella tomó conciencia de que nunca había aguantado lo que suponía una relación a largo plazo y que los problemas de intimidad con su esposo la atemorizaban. Además, había muchas cualidades positivas acerca de su matrimonio que ella no estaba apreciando en ese momento. Cuando empezó a considerar que esos mismos problemas de relación que tenía actualmente aparecerían probablemente en otra relación al cabo de diez años, decidió permanecer con su esposo por ser parecido al tipo de hombre que ella creía que podría amar y ayudarla a resolver todas las dificultades por las que tenía que pasar.

Con frecuencia los clientes piden a los terapeutas consejos sobre si deben o no revelar a sus parejas que han tenido una aventura que hasta el momento ha permanecido en secreto. Esta decisión debe ser tomada sólo por la persona que ha tenido la aventura, pero los siguientes aspectos pueden ser considerados: "¿Qué significó la aventura?", "¿De qué manera puede ayudar o perjudicar a la relación actual si se revela la existencia de la aventura?", "¿Cuáles son los pasos que pueden tomarse para restablecer la confianza en la relación?". Si se toma la decisión de hablar de la aventura, el terapeuta puede ayudar a la persona a decírselo a su pareja y servir de apoyo durante el proceso de ajuste a la posible crisis que se presentaría en la relación en ese caso. Además, el terapeuta y el cliente pueden discutir si la pareja debe ser informada de la existencia de la aventura durante la sesión de terapia, o en un contexto mucho más privado.

Finalmente, mientras la epidemia de SIDA no sea detenida, los terapeutas que trabajan con clientes que mantienen aventuras en secreto se están enfrentando a una serie de cuestiones éticas muy importantes. Las organizaciones profesionales de terapia no han tomado decisiones formales en cuanto a las obligaciones de los terapeutas, aunque se han planteado una serie de recomendaciones.

Como mínimo, los terapeutas deben discutir el tema del SIDA y las prácticas de sexo seguro con los clientes que mantienen relaciones sexuales con múltiples parejas. Si un terapeuta cree que un cliente no está tomando medidas de seguridad en sus relaciones sexuales, puede haber justificación para que se rompa la confidencialidad y alertar a las parejas sexuales de esta persona.

Idealmente, los terapeutas deben trabajar con sus clientes de manera que los alienten a usar prácticas sexuales seguras y a que informen responsablemente a sus parejas de cualquier práctica sexual que pueda conllevar riesgo de infección. Los Terapeutas Cognitivos pueden ayudar a sus clientes a analizar cualquier creencia que pueda interferir con la realización de estas prácticas responsables.

Se recomienda a los terapeutas que consulten con los comités éticos de sus asociaciones profesionales para obtener orientaciones sobre el tratamiento ético de los casos particulares que pudieran presentarse.

CUANDO UNA DE LAS PARTES QUIERE TERMINAR Y LA OTRA NO

Frecuentemente uno de los miembros de la pareja quiere terminar la relación y el otro no. El terapeuta puede trabajar con el individuo que desea terminar la relación para tratar de comprender sus razones y para analizar las posibles creencias distorsionadas, tales como la desesperanza de poder mejorar su relación. Si se decide terminar la relación pueden usarse estrategias terapéuticas especiales para ayudar a cada persona a adaptarse a la decisión.

La parte abandonada puede tener miedos reales sobre temas tales como las finanzas, la custodia de los niños, etc., que el terapeuta puede ayudar a resolver. Además, cuando una relación se termina, surgen a menudo creencias que pueden hacer más difícil el proceso de separación. La Terapia Cognitiva es ideal para ayudar a cotejar estas creencias.

Un tipo de ideas que surge cuando termina una relación tiene que ver con las ideas de dependencia como: "No podré seguir adelante sin esa persona". Como con todas las situaciones de dolor, el terapeuta cognitivo primero tratará de empatizar con la tristeza y el sentimiento de pérdida. Luego, puede llevar muy sutilmente a la persona a someter a prueba sus creencias. Una estrategia consiste en preguntar sobre las épocas previas a y durante su relación, en las que la persona fue capaz de desenvolverse bien de un modo independiente de su pareja. También puede ser de gran ayuda el revisar otras posibilidades de apoyo y otras relaciones importantes que pueden ayudar a la persona a ver que no está completamente sola.

Otra creencia común es: "Debo tener algo malo". Para cotejar este supuesto, el terapeuta puede pedir al cliente que trate de recordar a otras personas que conozca, que le inspiren respeto y le agraden, y que hayan sido abandonadas por sus parejas. El terapeuta puede preguntar: "¿Porqué supone que su pareja dejó a esa buena persona?", "¿Podría alguna de estas razones aplicarse a su propia situación?". Otra estrategia consiste en analizar varias personas que el cliente considera atractivas y agradables, pero que no elegiría para una relación romántica. Para comprender que las relaciones no duran porque la gente es "suficientemente buena" puede ser útil explorar las razones que el cliente tiene para no seleccionar a éstas.

El miembro de la pareja que abandona la relación también puede tener creencias que hagan que el proceso de separación sea mucho más doloroso. Una reacción común es sentir culpa por causar tanto dolor. Para algunos clientes puede ser útil examinar y aprender del proceso de abandono de la relación. ¿Hay algún comportamiento o actitud que podría ser bueno cambiar?

Sin embargo, muchas veces el malestar de la persona que deja la relación conlleva una creencia concomitante: "Soy responsable del dolor. Debo hacer que el dolor desaparezca". Con estos clientes puede ser muy útil analizar las razones por las que dejan la relación. Normalmente son razones en las que ambas partes comparten la responsabilidad más que deberse a las acciones de una sola persona.

Además, puede ser también de utilidad hablar del dolor experimentado al tomar la decisión de dejar la relación y considerar si este dolor ha sido o no útil, si ha servido para algo. La mayor parte de los clientes a quienes se les pide que evalúen los beneficios del dolor emocional llegan a comprender que su pareja tiene derecho a sufrir dolor y a aprender de él.

Ayudar a ambos miembros de la pareja a examinar éstas y otras actitudes que se desencadenan cuando una relación finaliza puede aumentar la probabilidad de que sean capaces de hablarse directamente de ciertos temas y problemas que todavía necesitan solución.De este modo vemos que la terapia individual y de pareja pueden ayudar a que las relaciones finalicen o a que las relaciones continúen.

¿CUÁNDO LLEGA EL MOMENTO DE FINALIZAR LA RELACIÓN?

La sección anterior planteaba la siguiente pregunta: "¿Cómo puede saber un terapeuta cuándo una relación debe terminar?". Parafraseando a Jackeline Persons (1989), "¿Cómo sabe usted si su labor con una pareja va mal debido a una problema de la pareja o porque se trata de un caso lento?"

La respuesta a esta pregunta es compleja. En primer lugar, el terapeuta no debería decidir que una relación es pobre basándose en la información suministrada por la pareja al principio de la terapia. Con frecuencia, las parejas comienzan las terapias con un alto grado de malestar, acompañado por la desesperanza y una percepción de la relación filtrada por actitudes negativas. Es un axioma que cuando el estrés inicial que trae a la pareja a la terapia desaparece o se alivia, la pareja presentará una imagen más positiva de su vida en común.

La decisión de terminar o no una relación debe tomarla la propia pareja. Muchas veces la relación mejorará algo y después empeorará a medida que los conflictos salgan a la superficie. La habilidad del terapeuta para conceptualizar el origen de estos problemas puede ayudar a que la terapia sea expeditiva ante estas potenciales trabas. El libro de casos de Person (1989) ofrece recomendaciones para aplicar una conceptualización cognitiva de los casos para comprender y resolver estos desafíos terapéuticos.

En general, las parejas se benefician de la terapia si el terapeuta adopta una postura de esperanza y de solucionar los problemas ante todas las dificultades de la pareja. Como con los clientes depresivos cuyas creencias pueden ser consistentemente negativas y desesperanzadoras hasta que la depresión mejora, las parejas pueden creer sinceramente que sus problemas son irresolubles hasta el momento en que se resuelven exitosamente. Por lo tanto, el terapeuta debe mostrar con frecuencia la esperanza de que los problemas, una vez definidos, pueden ser solucionados.

Una terapeuta buscó supervisión en su trabajo con una pareja cuya relación no había mejorado a lo largo de un período terapéutico de seis meses. Esta terapeuta se sentía desesperanzada y no sabía cómo proceder con la pareja. El supervisor pudo ayudarla a conceptualizar las creencias principales de ambos miembros de la pareja, que parecían estar interfiriendo con el progreso del tratamiento. Una vez que la terapeuta identificó estas creencias, fue capaz de formular un plan de tratamiento para ayudar a la pareja a analizar estas suposiciones que eran las que estaban dando soporte a la desesperanza. El conceptualizar el caso ayudó a la terapeuta a definir un plan terapéutico mucho más claro. Seis semanas después informó que la pareja había empezado a progresar, una vez que las creencias interferentes se hubieron identificado y eliminado.

¿Debería el terapeuta perder la esperanza? Si una pareja decide dar por terminada su relación, el terapeuta puede ayudarles a evaluar los pros y los contras de esta decisión y a llevarla a cabo de forma adaptativa. Si la pareja desea continuar trabajando en su relación, tienen derecho a tener un terapeuta que los ayude en este sentido. Si un terapeuta no puede determinar cómo lograrlo, puede ser necesario referir el caso a otro terapeuta.

La posición aquí planteada sobre la esperanza del terapeuta puede parecer extrema. Se plantea así para ayudar a los terapeutas a evitar darse por vencidos o renunciar muy fácilmente cuando se presentan casos muy difíciles. Por supuesto que existen situaciones en las que puede ser razonable que el terapeuta sugiera el fin de la relación como posible salida al tratamiento.

Esta postura puede plantearse en los casos donde la relación es claramente destructiva para uno de los miembros y el otro es reticente a probar un posible cambio. Si el terapeuta ha intentado implicar a la parte destructiva en la terapia, sin lograrlo, puede ser importante apoyar al cliente en su evaluación sobre si esta relación es saludable o no para sí mismo. Un terapeuta puede inclusive verse en la necesidad de exhortar activamente al cliente a imaginarse la posibilidad de manejarse adecuadamente fuera de la relación, si es que el cliente se siente temeroso de dar este paso.

Si ambos miembros de la pareja han decidido que serían mucho más felices si terminaran la relación y acuden a la consulta buscando ayuda para separarse, el terapeuta puede ayudarlos en este proceso, después de una breve evaluación de las razones que tienen para terminar la relación. Si un cliente no desea enfrentarse a las dificultades de una relación a largo plazo, con la esperanza de que los problemas se resuelvan, puede ser inapropiado que el terapeuta intente cambiar este valor.

OTROS TRASTORNOS PSIQUIÁTRICOS DE LA PAREJA

Además del problema actual de la relación, el terapeuta puede identificar otros trastornos psiquiátricos de la pareja: bien en el Eje I (por ej. Depresión, abuso de sustancias, trastorno generalizado de ansiedad) o en el Eje II (trastornos de personalidad). Algunas veces estos problemas son secundarios al malestar de pareja y pueden mejorar junto con la relación. Por ejemplo, la agorafobia en un cónyuge puede servir para mantener otros aspectos encubiertos de la relación. Otras veces estos trastornos pueden contribuir a las dificultades de la pareja o provocar por sí mismos dificultades en la relación de pareja.

En la mayoría de los casos se recomienda una terapia individual adjunta para resolver estos trastornos u otros problemas. Idealmente, la terapia individual debería ser realizada por un terapeuta distinto al que lleva la terapia de pareja. Si esto no es posible, el mismo terapeuta puede llevar ambos casos, aunque necesitará establecer con mucho cuidado los límites de la confidencialidad. Puede haber aspectos complejos en cuanto a la confianza, especialmente si uno o ambos miembros de la pareja tiene un diagnóstico de trastorno de la personalidad.

El tratamiento de otros trastornos mediante la terapia cognitiva aparece en varios libros sobre depresión (Beck, Rush y cols. 1979); sobre ansiedad (Beck, Emery y cols., 1985; Hawton y cols., 1989); y de personalidad (Beck y cols., 1990). Es muy útil que el terapeuta que trabaja con la pareja coordine el tratamiento con el terapeuta individual, de modo que la terapia conjunta pueda ser adaptada a cualquier necesidad especial creada por los problemas individuales.

Si un miembro de la pareja se encuentra deprimido, el terapeuta debe esperar negatividad y desesperanza en la percepción que esta persona tiene de su relación. Los clientes deprimidos se sienten con frecuencia agobiados, abrumados y sin esperanza, generalizando estos síntomas al resto de su vida. El terapeuta puede ayudar al miembro deprimido de la pareja reduciendo cada uno de los pasos de la terapia en segmentos pequeños para incrementar así la probabilidad de seguimiento y de éxito. Como los registros de pensamientos automáticos son una herramienta clave en la terapia cognitiva individual de la depresión, el miembro deprimido puede llegar a convertirse en una persona sumamente diestra en la identificación y cotejo de pensamientos negativos sobre la relación. De este modo, la terapia individual y de pareja pueden ayudarse una a otra. Para una revisión más detallada de la terapia de pareja y de la depresión, el lector puede referirse a Beach, Sandeen y O'Leary (1990).

Es de esperar que un cliente ansioso tenga expectativas catastróficas y se encuentre preocupado sobre distintos aspectos de su relación. El cliente ansioso puede pensar que le es imposible afrontar estos problemas de relación. La terapia individual puede también ayudar a cotejar y cuestionar estos temores. El terapeuta de pareja debe estar alerta respecto a este tipo de pensamientos ansiosos y establecer pequeños experimentos conductuales de práctica de ciertas destrezas en las sesiones, para incrementar la confianza del cliente ansioso en sus propias habilidades para afrontar sus problemas.

Cuando uno o ambos miembros de la pareja presentan trastornos de personalidad, el terapeuta de pareja encontrará que algunas áreas pueden complicarse debido a creencias rígidas. Una mujer con un trastorno de personalidad de evitación puede mostrarse reticente a expresar su ira en la sesión de pareja por temor a que su esposo se sienta molesto y la abandone. Un hombre con un trastorno de personalidad tipo límite (*borderline*) puede estar cuestionando constantemente si debe o no confiar en su novia.

El reciente libro "Terapia Cognitiva de los trastornos de personalidad" (Beck y cols., 1990) define los métodos para el tratamiento de cada uno de los trastornos de personalidad que pueden adaptarse para su uso en la terapia de pareja. Si el trastorno de personalidad conlleva rasgos altamente disruptivos en el trabajo de pareja, es posible que sea necesaria una terapia individual adjunta. Por otra parte, se puede trabajar sobre el trastorno de personalidad de modo concurrente al trabajo de pareja, especialmente debido a que los rasgos de los trastornos de personalidad se hacen más patentes en las relaciones.

Bob y Jan llevaban tres años casados cuando decidieron buscar ayuda terapéutica porque discutían con frecuencia. Estas discusiones se centraban básicamente en los celos de Bob cuando Jan salía con alguna de sus amigas después del trabajo. Bob estaba seguro de que ella estaba teniendo alguna aventura, a pesar de que ella insistía que no era así. Bob informó de una serie de síntomas de personalidad límite (*borderline*).

Siguiendo el Modelo Cognitivo para este tipo de trastorno límite (*borderline*) de personalidad (Beck y cols., 1990), el terapeuta conceptualizó el problema como un resultado de creencias centrales negativas que Bob tenía acerca de sí mismo, tales como: "No sirvo para nada", "No se puede confiar en las personas", "Soy débil y no tengo capacidad para nada". Además de estos pensamientos negativos, el pensamiento de Bob era profundamente dicotómico, tal como está tipificado en los trastornos de personalidad límite (*borderline*). Por lo tanto, cuando Jan salía del trabajo, su desconfianza, combinada con una opinión de sí mismo extremadamente negativa, lo llevaban a concluir que era un signo de peligro. Su pensamiento dicotómico llevaba sus miedos hasta el extremo: cada vez que Jan llegaba tarde, él deducía que ella estaba teniendo una aventura y que lo iba a abandonar. Sintiéndose impotente, esto lo atemorizaba, de modo que el terror a ser abandonado aumentaba su ira.

Hecha esta conceptualización, el terapeuta trabajó sobre los celos de Bob, enseñándole a reconocer sus distorsiones cognitivas, particularmente el pensamiento dicotómico. El terapeuta ayudó a Bob a ubicar sus pensamientos negativos en un continuo. Con el tiempo, Bob fue capaz de darse cuenta de que Jan le demostraba ser una persona en la que se podía confiar, de modo que ella se situaba en el cuarto superior del continuo de confiabilidad de Bob. Jan pudo hablar con Bob y señalar cualidades que debilitaban la imagen que tenía de sí mismo de que él no servía para nada. Enseñándole respuestas alternativas para que empleara en momentos en que se sintiera amenazado, el terapeuta ayudó a Bob a sentir que de alguna manera tenía mayor control.

Cada uno de estos pequeños cambios que le alejaban del pensamiento dicotómico y le acercaban más a un pensamiento de continuidad ayudó a reducir los celos de Bob. A pesar de que está fuera del alcance de este libro especificar los ajustes de terapia necesarios para cada trastorno de personalidad, estos ejemplos destacan de alguna manera la utilidad de la conceptualización cognitiva para ayudar a la terapia conjunta cuando se presenta una pareja con necesidades especiales.

ASPECTOS CULTURALES

Las parejas comienzan sus relaciones con creencias y expectativas que crecen y están apoyadas por su cultura.

Además de las influencias sociales generales, cada individuo tiene una historia cultural personal, que puede ser conceptualizada a lo largo de cuatro dimensiones: herencia étnica o racial, estatus socioeconómico, filiación religiosa o espiritual y valores asociados al rol sexual (David y Padesky, 1989).

Es necesario que los terapeutas sean sensibles a la hora de evaluar estos valores, especialmente cuando los miembros de la pareja pertenecen a culturas distintas a la del terapeuta. Como mínimo, si el terapeuta intenta comprender el contexto cultural de las creencias de la pareja, esto ayudará al *rapport* terapéutico. En el mejor de los casos, el tratar de comprender las raíces culturales de las creencias puede ayudar al terapeuta a planificar cambios terapéuticos con conocimiento de la historia y marco personal de la pareja.

Una pareja inició la terapia después de una larga historia de discusiones acerca de las finanzas. El terapeuta exploró la historia socioeconómica de cada uno y encontró que Walter había crecido en un ambiente de pobreza y vivido la ansiedad diaria de que los tiempos duros podían volver, así como el temor de que quizás él no sería capaz de alimentar a su familia. A pesar de que esta posibilidad era difícil, dados sus ingresos y ahorros como contable, su temor era resultado de las circunstancias de su niñez, cuando su padre fue despedido de su trabajo durante la época de la Depresión. A su esposa, Maureen, hija de un médico y criada con más comodidad, le era difícil imaginar las predicciones negativas de Walter, así como su cólera cuando ella se excedía de su presupuesto.

El análisis de sus diferencias culturales y del impacto que éstas pueden tener en sus creencias y expectativas, ayudó a esta pareja a sentir una mayor empatía el uno por el otro. Fueron capaces entonces de trabajar juntos con mayor colaboración en la planificación del presupuesto, tomando en consideración la legitimidad de las perspectivas de cada uno basadas en la historia económica personal.

Una mujer musulmana llegó a la terapia para buscar ayuda en su matrimonio. Fue en secreto porque la terapia no es aceptable en su cultura. Se sentía deprimida y triste acerca de su relación. La joven terapeuta adjudicó "la culpa de su depresión a la cultura y a la opresión que significaba el uso de un velo'. Afortunadamente, un supervisor familiarizado con la cultura de la cliente fue capaz de señalar a la terapeuta que usar un velo constituye un orgullo para la mayor parte de las mujeres de Irán, y no una causa de depresión. La terapeuta tuvo que abandonar sus propios prejuicios para poder escuchar el problema de la cliente.

PAREJAS HOMOSEXUALES Y LESBIANAS

Las parejas gays y lesbianas buscan terapia por las mismas razones que las parejas heterosexuales, y se aplican los mismos principios de terapia. Los terapeutas que trabajan con estas personas deberían estar familiarizados con las presiones y circunstancias especiales con que estas parejas se enfrentan. También es importante que el terapeuta que trabaja con este tipo de pareja se familiarice con los mitos y realidades de estos estilos de vida (American Psychological Association, 1985).

Si las parejas de homosexuales y lesbianas no tienen un entorno de apoyo de familia y amigos pueden también encontrarse con el estrés adicional que provoca el aislamiento en los tiempos difíciles de la relación. Las parejas heterosexuales con frecuencia pueden dirigirse a sus amigos o compañeros de trabajo para buscar apoyo e información acerca de los problemas y soluciones de pareja. Si una pareja lesbiana tiene problemas es posible que no pueda mencionar su problema a los compañeros de trabajo; de hecho puede ser que sólo algunas personas o pocos amigos tengan conocimiento de la relación.

Hasta hace poco (cf. Clunis y Green, 1988), se había escrito muy poco sobre los estadios de desarrollo normal en las relaciones de pareja gays o lesbianas. Puede ser útil para las parejas darse cuenta de que algunos de los conflictos que están experimentando son normales. Este dato normativo es inclusive de mayor ayuda que para las parejas de heterosexuales, debido a que las parejas gays y lesbianas no tienen modelos de roles en la sociedad. En pequeñas comunidades puede que haya sólo otras pocas parejas homosexuales con las que comparar su propia experiencia.

Si uno de los miembros de la pareja gay tiene miedos o creencias homofóbicas, los problemas de la relación pueden ser utilizados como una excusa para decir, "Probablemente no soy gay, ese es el problema". Un terapeuta cognitivo puede ayudar al cliente a lograr una identidad mucho más positiva

(Padesky, 1989). Esto, a su vez, puede ayudar a que la relación de la pareja tenga mayor probabilidad de sobrevivir.

Muchas parejas de hombres enfrentan una preocupación adicional debido a la epidemia del SIDA. Estos hombres pueden haber ya enterrado a docenas de amigos y viven con la ansiedad de ser potencialmente víctimas de esta enfermedad fatal. Un gay se describió a sí mismo "en shock emocional. He perdido tantos amigos que casi no puedo llorar."

Las nuevas parejas pueden resentirse al tener que practicar el sexo seguro incluso cuando están comprometidos en la relación. Las parejas antiguas pueden enfrentarse a esa culpa común entre los supervivientes de desastres. Y los miembros de la familia que cautelosamente no se pronunciaron sobre su rechazo ante un estilo de vida gay, pueden ahora decir que el hijo o hermano gay tiene que dejar de serlo.

Estos y otros temas de las relaciones homosexuales y lesbianas pueden abordarse adecuadamente con los métodos de la terapia cognitiva, siempre y cuando el terapeuta sea consciente de sus propias creencias y actitudes sobre este tipo de relaciones. Ya sea que el terapeuta sea gay, lesbiana o heterosexual, es difícil crecer en una cultura predominantemente heterosexual, sin tener actitudes de prejuicio hacia las relaciones homosexuales y lesbianas. Al igual que se debe hacer con cualquier cultura, la responsabilidad del terapeuta es conocer y comprender el sistema de valores elegido por la pareja.

7 Estudio de caso: Zack y Carli[1]

Zack y Carli eran una joven pareja de más de 25 años, casados desde hace tres y con una niña de 13 meses. Este fue el primer matrimonio para ambos. Zack trabajaba como operador de carretilla en un almacén de embalaje, Carli trabajaba a tiempo parcial en una panadería donde decoraba tortas. La pareja fue derivada para *counseling* matrimonial por su médico de cabecera debido a sus constantes peleas sobre lo que ellos llamaban problemas insignificantes. Ambos dijeron que discutían desde hacía un año y medio, particularmente a resultas del reciente consumo de cocaína por parte de Zack (Dattilio, 1990a).

ANTECEDENTES

Zack y Carli se conocieron en una fiesta a través de amigos comunes. Salieron sólo seis meses antes de casarse. Ambos dijeron que su matrimonio iba extremadamente bien hasta hace aproximadamente un año y medio, cuando Carli descubrió que Zack estaba consumiendo cocaína en dosis regulares. Esto ocurrió cuando Carli advirtió que desaparecía dinero de la cuenta de ahorros sin ninguna explicación. Entonces confrontó a Zack, quien finalmente confesó su uso crónico de cocaína. Ella le exigió que abandonara la

Nota: De "Cognitive Marital Therapy: A Case Study". de F.M. Dattilio, 1990a, *Journal of Family Psychotherapy*, 1(1), págs. 15-31. Copyright 1990 por The Haworth Press, Inc. Reimpreso con permiso.

droga y buscara ayuda, cosa que él prometió en varias ocasiones en vano. Finalmente, ella amenazó con dejarlo a menos que buscara ayuda profesional inmediatamente. Él contactó con su médico de cabecera, quien lo derivó a un programa de rehabilitación en el que permaneció internado durante un mes. Posteriormente fue dado de alta, con visitas semanales de seguimiento durante dos meses.

Cuando empezaron la terapia marital, hacía tres meses que Zack había terminado el programa. Tanto Zack como Carli negaron tener historias de abuso de droga o alcohol antes de este episodio. Residían en una casa urbana con su hija Rebecca.

EVALUACIÓN INICIAL

Durante las dos horas de evaluación inicial, Zack y Carli fueron entrevistados juntos. Se obtuvo una historia completa de su relación junto con detalles respecto a su vida de solteros anterior al noviazgo. También se recogió información respecto a percepciones de las respectivas relaciones maritales de sus padres. Se obtuvo, además, información adicional con relación a las razones para buscar tratamiento, extensión y duración de los problemas, intentos previos de solución de los síntomas/problemas (por ejemplo, asesoramiento previo, programas de auto-ayuda), estilo de vida social, áreas de compatibilidad/incompatibilidad, relación con la niña, relación con las familias, y de consumo de drogas o alcohol.

Además de recopilar esta información, la sesión inicial estuvo dedicada a desarrollar una conceptualización del problema presentado. En este caso particular, Zack y Carli discutían y se herían casi constantemente, además de aumentar la tensión por una posible recaída de Zack en el consumo de cocaína. Ella le preguntaba constantemente sobre su paradero y dudaba que fuera completamente honesto acerca del consumo de cocaína y/u otras sustancias (por ejemplo, alcohol). Ella explicaba que por el impacto del consumo clandestino de cocaína de Zack, se sintió obligada a no perderlo de vista cada vez que él dejaba la casa. Ella le interrogaba duramente cada vez que él volvía tras haber salido solo. También estaba obsesionada con el balance de la cuenta y llamaba al banco todas las semanas para pedir estados de cuenta y asegurarse de que él no retiraba dinero extra.

Las principales quejas de Zack fueron que en su intento para mantenerse sin drogas, la constante indagación y cuestionamiento de Carli lo inquietaban. Durante estos períodos de inquietud y disputa era cuando sentía la urgencia de escapar de todo, volviendo al consumo de cocaína. Aunque entendió que esto podía obviamente ser contraproducente para su recuperación y para el matrimonio,. Zack sostuvo que Carli lo estaba induciendo a volver a la cocaína por sus regaños y discusiones.

Durante la evaluación inicial, se entregó a Zack y Carli el Cuestionario de Actitudes Matrimoniales Revisado (MAQ-R, Pretzer y cols., 1983). Se les pidió que rellenaran el inventario por separado y lo llevaran a la próxima sesión.

También se les habló brevemente sobre el modelo cognitivo de relaciones maritales y de la terapia marital y se les pidió que comenzaran a leer los primeros capítulos de *Love is never enough* (Beck, 1988).Se fijaron entrevistas individuales para Zack y Carli tras la evaluación inicial.

SEGUNDA SESIÓN

Durante esta sesión individual con Carli se revisaron sus respuestas al Cuestionario de Actitudes Maritales. La mayoría de las preguntas que ella marcó con un 1 (muy de acuerdo) se encontraban en el ámbito de su incredulidad general de que la relación pudiera cambiar. Los ítems se usaron como herramientas para iniciar la discusión sobre las áreas problemáticas.

Las preguntas sirvieron para averiguar los pensamientos automáticos de Carli acerca de la relación y sus posibilidades de cambio.

A continuación figuran algunos de los pensamientos automáticos que ella mantenía sobre la relación:

> "Estoy muy recelosa sobre la capacidad de Zack para cambiar."
>
> "Ya me ha mentido demasiado."
>
> "Siento que fui engañada respecto a toda nuestra relación."
>
> "No tengo ni idea de si en este momento está ahí fuera, drogándose."

Como puede verse en los pensamientos automáticos de Carli, ella tenía un marco negativo en su relación matrimonial. Tras indagar sobre sus pensamientos automáticos se descubrieron sus creencias subyacentes o esquemas. Los temas primarios de sus esquemas fueron:

> "Siempre he sido desafortunada en las relaciones, nunca seré feliz."
>
> "Me he expuesto a mí misma para que me usen; nadie me ama."
>
> "Las personas no cambian y es irreal pensar que Zack lo hará."

El objetivo esencial de esta primera sesión con Carli fue desarrollar una conceptualización clara y detallada de cómo se veía ella misma y su situación marital y, más importante aún, como veía su futuro en la relación. Basándose en sus exposiciones y creencias, quedó claro que Carli tenía un prejuicio negativo que distorsionaba su visión, creando un marco negativo en la relación.

Como tarea para casa, se le pidió iniciar el procesamiento de sus pensamientos automáticos con las hojas de "Pensamientos Disfuncionales Diarios" (PDD), registros para cuyo uso se la orientó durante la sesión.

Registro Diario de Pensamientos Disfuncionales

Situación

Descríbase:
1. Un suceso presente que causa emoción desagradable, o
2. Flujo de pensamientos, ideación o recuerdos que causan emoción desagradable.

Emoción

1. Especifiquese triste, enfadado, ansioso y demás.
2. Evalúese grado de emoción 1-100.

Pensamientos Automáticos

1. Escriba pensamientos automáticos que preceden a las emociones.
2. Evalúese la creencia en el pensamiento automático. 0-100%

Respuesta Racional

1. Escriba la respuesta racional al pensamiento automático.
2. Evalúe la creencia en la respuesta racional,0-100%

Resultado

1. Evalúe creencia en pensamiento automático. 0-100%.
2. Especifique y evalúe emociones posteriores1-100.

Fecha: -------------------

Explicación: Cuando experimente una emoción desagradable, anote la situación que parece producir la emoción (si la emoción se da cuando estaba pensando, soñando despierto y demás, por favor, anótelo). Después apunte los pensamientos negativos automáticos asociados con la emoción. Registre el grado en que cree en este pensamiento: 0%, para nada; 100%, completamente. Al evaluar el grado de emoción utilice: 1 = ligero 100 = lo más intenso posible.

TERCERA SESIÓN

La tercera sesión fue una evaluación individual con Zack. Se empleó el mismo formato que en la cita individual con Carli. Mediante el uso de preguntas se averiguaron los pensamientos automáticos de Zack sobre la relación.

> "Estoy intentando lo imposible para mantenerme sin coca y ella hace todo lo posible para que caiga en la droga."

"Ella hurga y lo cuestiona todo."

"¿Qué sentido tiene intentarlo si de cualquier manera me acusan?"

"Cometo un error y me acusan de adicto a la droga de por vida."

Después de cuestionar los pensamientos automáticos de Zack, resultó que muchos surgían de la creencia subyacente de que él nunca hacía nada bien de niño. Había cometido disparates durante su infancia y recibido críticas interminables de su padre y hermanos al respecto. Aún recordaba a su padre decir: "Una vez torpe, siempre torpe".

Las creencias subyacentes de Zack trataban estos temas:

"Es muy difícil ser perdonado si uno mete la pata en la vida."

"Fallé como hijo y estoy destinado a fracasar como esposo y como padre."

Como resultado de este ejercicio, se ayudó a Zack a entender cómo sus creencias subyacentes lo predisponían a pensamientos automáticos de posibles fracasos en su intento por cambiar. En su relación con Carli, esto contribuía a aumentar la tensión en su relación.

Nota: parecía que la clave esencial para llegar a la dinámica central en esta relación era disolver la tensión inmediata que existía respecto a la confianza y honestidad, ya que a menos que esto se concretara, podía resultar difícil un progreso futuro ya que toda la tensión tendía a caer en esta área de conflicto.

CUARTA SESIÓN

La cuarta sesión contó con Zack y Carli. El plan era revisar el modelo cognitivo enfatizando especialmente las "distorsiones cognitivas" que ocurrían en la interacción marital. Se explicó que son ideas falsas que contribuyen por retroalimentación a la disfunción marital en la comunicación. (Consultar "Distorsiones Cognitivas" en el Capítulo 2). A continuación, hay una lista de errores que contenían los razonamientos de Zack y Carli:

Interferencias arbitrarias: Zack llegó a casa del trabajo media hora tarde, Carli concluyó: "Probablemente estaba haciendo algún trato".

Abstracción selectiva: Carli no contestó al saludo de Zack por la mañana y él concluyó: "Debe estar disgustada conmigo de nuevo".

Sobregeneralización: Después de tener una pelea con Zack, Carli dijo: "Todos los hombres sois iguales".

Magnificación y Minimización: Zack al ver los problemas de su matrimonio afirmó: "Mi vida es un desastre".

Personalización: Zack dijo: "Todos mis amigos siempre han sido perdedores. Supongo que yo también soy un perdedor".

Pensamientos dicotómicos: "Como Zack se ha drogado no me puedo fiar de él para nada".

Etiquetado y Etiquetado erróneo: Tras sus continuos errores en la preparación de la comida, Carli afirmó: "No valgo nada", en vez de reconocer que es un ser humano.

Se señalaron estos errores en la sesión para intentar que Zack y Carli comprendieran la distorsión de su pensamiento. Además se les explicó detalladamente el modelo cognitivo.

Posteriormente a esta revisión del modelo y de los tipos comunes de distorsiones cognitivas, se les explicó que, como resultado de un deterioro gradual en la relación, ambos habían comenzado a verse uno a otro desde una perspectiva negativa. Esto es, las cualidades que cada uno había admirado en el otro se veían ahora como indeseables y bajo un prisa negativo. El esquema que sigue muestra los dos lados de los comentarios de Zack y Carli extraídos durante las entrevistas individuales.

Opinión que tiene Zack de Carli

Cualidades positivas de Carli	Cualidades Negativas de Carli
-Solidaria.	-Regañona.
-Ahorradora.	-Tacaña.
-Llena de energía.	-Hiperactiva.
-Con principios.	-Que no perdona.

Opinión que tiene Carli de Zack

Cualidades positivas de Zack	Cualidades negativas de Zack
-Divertido.	-Muy fiestero.
-Leal.	-Demasiado devoto a sus camaradas.
-Espíritu libre.	-No confiable.
-Buena comunicación.	-Mentiroso.

El terapeuta prosiguió con la sesión planteando el conflicto con ambos cónyuges:

Terapeuta: De acuerdo, ahora me gustaría abordar el conflicto que parece ser el asunto principal, su confianza, Carli, en la capacidad de Zack de mantenerse sin consumir sustancias, y el temor de Zack de volver a consumirlas como venganza contra Carli.

Carli: Es cierto. Ahora soy demasiado escéptica porque me ha mentido mucho. Realmente dudo que vaya a cambiar y emocionalmente no me puedo quemar más.

Terapeuta: Así que usted, Carli, no es muy optimista acerca de todo este proceso de terapia. ¿Qué opina usted, Zack?

Zack: Pienso que es injusta. No sé qué demonios quiere. ¡Ya he pasado la rehabilitación! No he consumido drogas desde hace casi tres meses. Simplemente no me deja en paz.

Carli: (interrumpiendo) Así es, cuando dices que vienes a casa a las 5:30 y terminas viniendo a las siete menos cuarto, ¿qué se supone que tengo que pensar?

Terapeuta: De acuerdo. Miren, necesitamos escucharnos. No será una sesión muy productiva si ustedes caen en el patrón de discutir de nuevo. ¿Podríamos establecer una regla de no interrumpir cuando el otro habla?

Zack: Sí, de acuerdo. Pero es ella la que no puede callarse.

Terapeuta: Ahora, Carli, ¿está usted de acuerdo con esto?

Carli: No lo sé. Él miente tanto. Ya tengo problemas sentada aquí escuchando algunas de sus afirmaciones.

Terapeuta: Bueno, haremos una cosa. Carli, ¿podría escribir sus pensamientos o lo que llamamos pensamientos automáticos mientras escucha estas afirmaciones de Zack?

Carli: ¿Ahora mismo?

Terapeuta: Sí, ahora mismo, en la sesión. De la misma forma en que lo hizo cuando nos reunimos individualmente.

Carli: Supongo que sí.

Terapeuta: Ahora me gustaría que tomara su bolígrafo y anotara los pensamientos automáticos que tenía cuando Zack hizo sus últimas afirmaciones. Creo que la afirmación fue: "Ya pasé la rehabilitación y no he consumido drogas desde hace tres meses. Sencillamente, no me deja en paz".

(Carli tarda unos minutos en escribir sus pensamientos automáticos.)

Carli: Listo, aquí están.

Terapeuta: Carli, ¿podría usted leerlos en voz alta?

Carli:
1. ¡Sí, qué barbaridad! ¡Tres meses y piensa que lo ha superado!
2. Tan pronto como baje la guardia volverá a la droga otra vez.
3. "¿Qué quiero yo?", dice él. Solo quiero que deje la droga y que no arruine nuestro matrimonio.
4. Cada vez que él sale con esos condenados amigos suyos se acerca más a la recaída.

Terapeuta: Bien. Ahora, Carli, me gustaría que sopesara la evidencia de cada una de estas afirmaciones que ha hecho y las confrontara, anotando un pensamiento alternativo. Me gustaría también que etiquetara la distorsión según los términos que discutimos al inicio. Por ejemplo, tomemos su primer pensamiento: "Sí, qué barbaridad! ¡Tres meses y piensa que lo ha superado!". Bien, ¿qué evidencia tiene usted que fundamente la noción de que él cree que lo ha conseguido, que ha permanecido "limpio" durante tres meses?

Carli:	Bien, ninguna realmente. Solo una actitud engreída por su parte.
Terapeuta:	¿Es engreída? ¿O está manteniendo una actitud de confianza?
Carli:	Bueno, realmente de confianza.
Terapeuta:	Bien, entonces el hecho de que actúe con confianza no significa que lo haya logrado, ¿no es así?
Carli:	No, realmente no tengo ninguna evidencia que los sustente.
Terapeuta:	¿Y cómo podría usted etiquetar este pensamiento distorsionado, de acuerdo con nuestro modelo?
Carli:	Probablemente, una combinación de "Abstracción Selectiva" y de "Etiquetado Erróneo".
Terapeuta:	Correcto. ¿Cómo podría usted describir sus pensamientos alternativos?
Carli:	Vamos a ver. En realidad tres meses está bastante bien. Ha sido su período de sobriedad más largo. Supongo que la actitud positiva es una actitud clave para permanecer limpio. Quizá sea un buen indicio.
Terapeuta:	¡No está mal! Ahora, me gustaría que hiciera lo mismo con el resto de sus pensamientos.

El terapeuta pone a Carli a escribir una respuesta alternativa a sus pensamientos, sopesando la evidencia con Zack, para que él pueda ver los esfuerzos de Carli por equilibrar sus auto-afirmaciones. El resto de sus pensamientos aparecen a continuación con la distorsión cognitiva identificada.*

Pensamiento Automático	Distorsión Cognitiva	Pensamiento Alternativo
Tan pronto como baje la guardia comenzará con la droga otra vez	Generalización	En realidad no tengo pruebas que fundamenten esto. Si bajara la guardia podría ayudarle un poquito dándole apoyo para no caer en la droga
Quiero que se mantenga lejos de droga y que no arruine nuestro matrimonio	Magnificación	Necesito darle una oportunidad. Ya se ha mantenido limpio durante tres meses. Si sufre una recaída no es la ruina de nuestro matrimonio.

*En aras a la brevedad, esta selección ha sido editada. El proceso de reestructuración duró mucho más tiempo debido a la resistencia y rigidez de Carli.

Cada vez que sale con esos condenados amigos suyos se acerca más a la recaída.	Abstracción Selectiva	No es necesariamente así. El control lo tiene que tener él. No es cuestión de dónde vaya, sino de lo que se dice a sí mismo. Cuanto más le apoye, menos tendencia tendrá a buscar cocaína.

Terapeuta: Ahora, Zack, echemos una mirada a los pensamientos automáticos que tenía durante esta misma conversación, hace unos pocos minutos. ¿Cuáles eran sus pensamientos?

Zack: Bien, pensé:
1. Dios, aquí viene. No le entra en la cabeza dejar algo.
2. Algunas veces casi creo que ella quiere que fracase.
3. Si fracaso, lo estropeo todo. Y se acaba el matrimonio.

Terapeuta: Bien, ahora ¿puede equilibrar sus pensamientos automáticos negativos con pensamientos alternativos tal y como ha hecho Carli?

Pensamiento Automático	**Distorsión Cognitiva**	**Pensamiento Alternativo**
Dios, aquí viene. No le entra en la cabeza dejar algo.	Inferencia arbitraria	Esta es la forma de expresarse de Carli. No significa necesariamente que me está condenando.
Algunas veces casi creo que ella quiere que fracase	Personalización	Es ridículo. Si quisiera poner fin a nuestro matrimonio lo hubiera hecho sin pretender que fracase.
Si fracaso, lo estropeo todo. Y se acaba el matrimonio	Pensamiento dicotómico	Si fracasara, lo intentaría de nuevo. No significa que se acaba el mundo

(Permitiendo que ambos cónyuges sean testigos de la reestructuración de los pensamientos automáticos del otro, se vieron más positivamente al presenciar los intentos de plantear la contrapartida positiva de sus pensamientos. También pueden presenciar el esfuerzo del otro para ver las cosas de forma más positiva. Esto normalmente tiene un efecto positivo en la visión que se tiene del otro).

Terapeuta: Bueno. Como resultado de este ejercicio, ¿qué piensan ahora?

Zack: Bien. Personalmente siento que ella es capaz de ver el lado positivo de las cosas, pero estoy receloso sobre si persistirá en su actitud. Probablemente vuelva a su visión negativa en cuanto salgamos de aquí.

Carli: Siento lo mismo. Ha sido bueno escucharle decir algo distinto por una vez, pero aún no confío en él.

Terapeuta: Los cambios más duraderos vendrán con el tiempo. Sin embargo, el objetivo de la sesión ha sido ayudarles a ver que, controlando sus pensamientos, ustedes pueden ver como pueden cambiar las cosas. Como tarea para casa me gustaría que siguieran con este ejercicio, especialmente cuando empiecen a enfadarse. Además me gustaría que se pusieran pegatinas en la ropa. Unas cinco o diez, mientras estén en casa. Cuando uno de ustedes haga un comentario positivo o elogioso al otro, retiren una pegatina.

Carli: ¿No es un tanto infantil?

Terapeuta: Quizás, pero creo que se sorprenderán al ver cómo se sienten cuando lo intenten.(El terapeuta fija el horario de las citas con no más de una semana, dando tiempo suficiente para que puedan completar la tarea y sin dejar transcurrir demasiado tiempo.)

SEXTA SESIÓN

Esta sesión consistió en un seguimiento de las tareas encomendadas en la anterior. Tanto Zack como Carli afirmaron que la mayor parte de la semana había ido relativamente bien, salvo por una pequeña discusión que ocurrió justo antes de llegar a la sesión terapéutica. Cuando se analizó la pelea en la sesión se determinó que el conflicto había surgido como resultado de la desviación de la tarea asignada y la vuelta a los marcos negativos. Se alentó a la pareja a revisar la acalorada pelea y los pensamientos automáticos, aplicando la técnica de escribir una visión alternativa y sopesando la evidencia e identificando las distorsiones cognitivas.

Otra de las técnicas que se emplearon fue "la evaluación de las predicciones". Durante la semana entre las sesiones, Carli notó que Zack había retirado 50$ de la cuenta de ahorros sin decírselo. Carli afirmó que Zack había usado ese dinero para comprar droga y anticipó una pelea al confrontarle. El terapeuta pidió a Carli que hiciera la "prueba de la predicción" y practicara formas no amenazantes de confrontarlo sobre el dinero. Cuando ella lo hizo, Zack explicó que había necesitado un par de botas nuevas para el trabajo y que había retirado el dinero para comprarlas, mostrándole el recibo.

Una vez aclarada la situación como para que se pudieran relacionar razonablemente, se les administraron los inventarios "Problemas en la Pareja" (Beck, 1988), y "Problemas en el Estilo de Comunicación" (Beck, 1988). Esto permitió a Zack y Carli señalar con precisión las áreas conflictivas y desarrollar el curso futuro de la terapia.

SESIONES SUBSIGUIENTES

Cuando los conflictos comenzaron a disminuir, Zack fua capaz de concentrarse en mejorar su conducta y evitar la tentación de la cocaína. Se le derivó a sesiones de seguimiento para pacientes de día en una clínica de rehabilitación. Se les alentó a ambos para que asistieran a grupos de apoyo a parejas de consumidores de sustancias en la misma clínica.

Luego, las sesiones se centraron en la necesidad de dependencia de cada uno y en sus temores reales de fracasar en la relación. La duración del tratamiento fue de seis meses, con un total de veinte sesiones. Un año de seguimiento mostró que ambos cónyuges disfrutaban de una relación pacífica en general, sin ninguna recaída de Zack en el consumo de drogas.

RESUMEN

Este caso trata la situación marital de una pareja que pudiera haber culminado en divorcio de no comenzar un tratamiento.

El enfoque cognitivo fue efectivo resolviendo la situación del conflicto y permitiendo a la pareja tratar los asuntos más profundos de la relación.

8 Conclusiones

El viejo adagio que dice "Es más fácil decir que hacer" es directamente aplicable al campo del *counseling* y la psicoterapia. Es también mucho más fácil leer sobre varias técnicas e intervenciones que implementarlas en la realidad.

Esperamos que este libro ofrezca al lector un conocimiento básico de trabajo sobre la Terapia Cognitiva para Parejas. Es importante saber que, como casi todas las cosas, las nuevas habilidades requieren práctica. Por lo tanto, las herramientas descritas en este libro resultarán más útiles al profesional que se permita un cierto tiempo y suficiente práctica como para que devengan parte normal de las habilidades de su repertorio.

Las técnicas específicas pueden emplearse por separado y así permitir al profesional usarlas junto a otros modelos de terapia sin tener que adoptar necesariamente el modelo como un todo. Cuando menos, estas técnicas sirven como excelentes recursos de apaciguamiento, particularmente con parejas volátiles. Si se emplean en su conjunto (incluyendo la teoría y la filosofía) pueden ser herramientas aún más poderosas y ayudar al profesional brindándole un excelente marco para la conceptualización del caso y de las técnicas de intervención.

Bibliografía

Abrahms, J.L. (1982, November). *Inducing a Collaborative Set in Distressed Couples: Nonspecific Therapist-Patient Issues in Cognitive Therapy.* Paper presented at the Annual Meeting of the Association for the Advancement of Behavior Therapy, Los Angeles, CA.

Abrahms, J. (1983). Cognitive-behavioral strategies to enhance a collaborative set in distressed couples. In A. Freeman (Ed.), *Cognitive Therapy with Couples and Groups* (pp. 125-156). New York: Plenum.

Abrahms, J., & Spring, M. (1989). The flip-flop factor. *International Cognitive Therapy Newsletter,* *5*(1), 1, 7-8.

Adler, A. (1936). The neurotic's picture of the world. *International Journal of Individual Psychology*, 2, 3-10.

American Psychological Association. (1985). *A Selected Bibliography of Lesbian and Gay Concerns in Psychology: An Affirmative Perspective.* Washington, DC: Author.

Arnold, M. (1960). *Emotions and Personality* (Vol. 1). New York: Columbia University Press.

Aylmer, R. (1986). Bowen family systems marital therapy. In N.S. Jacobson & A. S. Gurman (Eds.), *Clinical Handbook of Marital Therapy.* New York: Guilford.

Azrin, N. H., Naster, B. J. & Jones, R. (1973). A rapid learning-based procedure for marital counseling. *Behavior Research and Therapy, 11*, 365-382.

Bandura, A. (1977). *Social Learning Theory*. Englewood Cliffs, NJ: Prentice-Hall.

Baucom, D. H. (1981, November). *Cognitive Behavioral Strategies in the Treatment of Marital Discord.* Paper presented at the Annual Meeting of the Association for the Advancement of Behavior Therapy, Toronto, Canada.

Baucom, D., & Epstein, N. (1990). *Cognitive-Behavioral Marital Therapy.* New York: Brunner/Mazel.

Beach, S.R.H., Sandeen, E. E., & O'Leary, K. D. (1990). *Depression in Marriage: A Model for Etiology and Treatment.* New York: Guiford.

Beck, A.T. (1963). Thinking and depression: 1. Idiosyncratic content and congnitive distortions. *Archives of General Psychiatry, 9*, 324-333.

Beck, A.T. (1964). Thinking and depression: 2. Theory and therapy. *Archives of General Psychiatry, 10*, 561-571.

Beck, A.T. (1967). *Depression: Clinical, Experimental, and Theoretical Aspects.* New York: Hoeber. (Republished as *Depression: Causes and Treatment.* Philadelphia: University of Pennsylvania Press., 1972)

Beck, A.T. (1970). Cognitive therapy: Nature and relation to behavior therapy. *Behavior Therapy*, 1, 184-200.

Beck, A.T. (1976). *Cognitive Therapy and the Emotional Disorders.* New York: International Universities Press.

Beck, A.T. (1986, June 28). Treating depression: Can we talk? [Letter to the Editor]. *Science News*, p. 12

Beck, A.T. (1988). *Love Is Never Enough.* New York: Harper & Row.

Beck, A.T., & Emery, G. (1979). *Cognitive Therapy of Anxiety and Phobic Disorders*. Philadelphia. Center for Cognitive Therapy.

Beck, A.T., Emery, G., & Greenberg, R. (1985). *Anxiety and Phobias: A Cognitive Approach.* New York: Basic Books.

Beck, A. T., Epstein, N., Brown, G., & Steer, R. A. (1985), November). *An Inventory of Measuring Clinical Anxieties.* Paper presented at the Annual Meeting of the Association for Advancement of Behavior Therapy, Houston, TZ.

Beck, A.T., Freeman, A., Pretzer, J., Fleming, B., Davis, D., Ottaviani, R.., Beck, J., Simon, K., Padesky, C., Meyer, J., & Trexler, L. (1990). *Cognitive Therapy of Personality Disorders.* New York: Guilford.

Beck, A.T., Kovacs, M., & Weisman, A. (1979). Assessment of suicidal intention: The scale for suicidal ideation. *Journal of Consulting and Clinical Psychology, 47*, 343-352.

Beck, A.T., Laude, R., & Bohnert, M. (1974). Ideation components of anxiety neurosis. *Archives of General Psychiatry, 31*, 319-325.

Beck, A.T., & Padesky, C. (1987, May). *New Directions in Cognitive Therapy*. Workshop presented in Seattle, WA.

Beck, A.T. & Rush, A. J. (1978). Cognitive approaches to depression and suicide. In G. Servan (Ed.), *Cognitive Defects in the Development of Mental Illness* (pp. 235-257). New York: Brunner/Mazel. (Published under the auspices of Kitty Foundation).

Beck, A.T., Rush, A.J., Shaw, B.F., & Emery, G. (1985). *Terapia Cognitiva de la Depresión.* Bilbao: Desclée de Brouwer.

Beck, A.T., Schuyler, D., & Herman, I. (1974). Development of suicidal intent scales. In A.T. Beck, H. L. P. Resnik, & D. J. Lettieri (Eds.), *The Prediction of Suicide* (pp. 45-46). Bowie, MD: Charles Press.

Beck, A.T., Ward, C.H., Mendelson, M., Mock, J.E., & Erbaugh, J. K. (1961). An inventory for measuring depression. *Archives of General Psychiatry, 4,* 561-571.

Beck, A.T., Weisman, A., Lester, D., & Trexler, L. (1974). The measurement of pessimism: The hopelessness scale. *Journal of Consulting and Clinical Psychology, 42*, 861-865.

Blackburn, I. M., Bishop, S., Glen, A.M., Wholley, L. J., & Christie, J. E. (1981). The efficacy of cognitive therapy in depression: A treatment trial using cognitive therapy and psychotherapy, each alone and in combination. *British Journal of Psychiatry, 139*, 181-189.

Burns, D. (1980). *Feeling Good: The New Mood Therapy.* New York: Signet..

Burns, D. (1989). *Feeling Good: Handbook.* New York: William Morrow & Co.

Butcher, J., Dahlstrom, W. G., Graham, J. R., & Tellegen, A. (1989). *The Minnesota Multiphasic Personality Inventory-2.* Minneapolis: University of Minnesota Press.

Clunis, D. M., & Green, G. D. (1988). *Lesbian Couples.* Seattle, WA: The Seal Press.

Dattilio, F. M. (1987). The use of paradoxical intention in the treatment of panic attacks. *Journal of Counseling and Development, 66,* 102-103.

Dattilio, F. M. (1988). Relation of experience in sex and panic: A preliminary note. *The Cognitive-Behaviorist, 10,* 3-4.

Dattilio, F. M. (1989a). A guide to cognitive martial therapy. In P. A. Keller & S. R. Heyman (Eds.), *Innovations in Clinical Practice: A Source Book* (Vol. 8, pp. 27-42). Sarasota, FL: Professional Resource Exchange.

Dattilio, F. M. (1989b). Cognitive therapy with distressed couples: Part One. *Clinical Advances in the Treatment of Psychiatric Disorders, 3,* (4), 1-10.

Dattilio, F. M. (1989c). Cognitive therapy with distressed couples: Part Two. *Clinical Advances in the Treatment of Psychiatric Disorders, 3*, 10 and 16.

Dattilio, F. M. (1990a). Cognitive marital therapy: A case study. *Journal of Family Psychotherapy, 1,* 15-31.

Dattilio, F.M. (1990b). Symptom induction and decatastrophization in the treatment of panic. *Journal of Mental Health Counseling, 12,* 515-519.

Davis, D., & Padesky, C. (1989). Enhancing cognitive therapy with women. In A. Freeman, K. Simon, L. Beutler, & H. Arkowitz (Eds.), *Comprehensive Handbook of Cognitive Therapy (pp. 535-557).* New York: Plenum.

Doherty, W. J. (1981). Cognitive processes in intimate conflict: 1. Extending attribution therory. *American Journal of Family Therapy, 9,* 5-13.

Edwards, D. (1989). Cognitive restructuring through guided imagery: Lessons from Gestalt therapy. In A. Freeman, K. Simon, L. Beutler, & H. Arkowitz (Eds.) *Comprehensive Handbook of Cognitive Therapy* (pp. 283-297). New York: Plenum.

Ellis, A. (1954). *The American Sexual Tragedy.* New York: Twayne and Grove Press. (Revised edition, New York: Lyle Stuart and Grove Press, 1962).

Ellis, A. (1982). *Razón y Emoción en Psicoterapia.* Bilbao: Desclée de Brouwer.

Ellis, A. (1973). Are cognitive-behavior and rational-emotive therapy synonymous? *Rational Living, 8,* 8-11.

Ellis, A. (1987). The nature of disturbed marital interactions. In A. Ellis & R. Grieger (Eds.), *Manual de Terapia Racional-Emotiva.* Bilbao: Desclée de Brouwer.

Ellis, A. (1980). Rational-emotive therapy and cognitive-behavior therapy: Similarities and differences. *Cognitive Therapy and Research, 4,* 325-340.

Ellis, A., & Harper, R. A. (1961). *A Guide to a Successful Marriage.* North Hollywook, CA: Wilshire Books.

Ellis, A., Sichel, J. L., Yeager, R.J., DiMattia, D. J., & Digiuseppe, R. (1989). *Rational-Emotive Couples Therapy, Psychology Practitioners Guidebooks.* New York: Pergamon.

Epstein, N. (1982). Cognitive Therapy with couples. *The American Journal of Family Therapy, 10* 5-16.

Epstein, N. (1986). Cognitive marital therapy: A multilevel assessment and intervention. *Journal of Rational-Emotive Therapy, 4,* 68-81.

Epsteins, N., & Eidelson, R. J. (1981). Unrealistic beliefs of clinical couples: Their relationship to expectations, goals and satisfaction. *American Journal of Family Therapy, 9,* 13-22.

Fincham, F., & O'Leary, D. K. (1983). Casual inferences for spouse behavior in maritally distressed and nondistressed couples. *Journal of Social and Clinical Psychology, 1* 42-57.

Finkelhor, D., Gelles, R., Hotaling, G., & Straus, M. (Eds.). (1983). *The Dark Side of Families.* Beverly Hills, CA: Sage.

Freeman, A., & White, D. (1989). Cognitive therapy of suicide. In A. Freeman, K. M. Simon, H. Arkowitz, & L. Beutler (Eds.), *Comprehensive Handbook of Cognitive Therapy.* New York: Plenum.

Gangley, A. (1981). *Participant and Trainer's Manual for Working with Men Who Batter.* Washington, DC: Center for Women Policy Studies.

Geiss, S. K., & O'Leary, K. D. (1981). Therapists ratings of frequency and severiry of marital problems: Implications for research. *Journal of Marital & Family Therapy, 7,* 515-520.

Gelles, R. J. (1972). *The Violent Home: A Study dof Physical Aggression Between Husbands and Wives.* Beverly Hills, CA: Sage.

Gottman, J., Notarius, C., Gonso, J., & Markman, H. (1976). *A Couples Guide to Communication.* Champaign, IL: Reseach Press.

Hawton, F., Salkovskis, P., Kirk, J., & Clark, D. (Eds.). (1989). *Cognitive-Behavior Therapy for Psychiatric Problems: A Practical Guide.* Oxford: Oxford University Press.

Hollon, S. D., DeRubeis, R. J., Evans, M. D., Tauson, V. B., Wiemer, M. J., & Garvey, M. J. (1985). *Combined Cognitive-Pharmacotherapy Versus Cognitive Therapy Alone in the Treatment of Depressed Outpatients: Differential Treatment Outcomes in the CPT Projects.* Unpublished manuscript, University of Minnesota and St. Paul-Ramsey Medical Center, Minneapolis-St. Paul, MN.

Holtzworth-Munroe, A., & Jacobson, N. S. (1985). Casual attributions of married couples: When do the search for causes? What do they conclude when they do? *Journal of Personality and Social Psychology, 48*, 1398-1412.

Horney, K. (1950). *Neurosis and Human Growth: The Struggle Towards Self-Realization.* New York: Norton.

Jacobson, N. S. (1983). Beyond empiricism: The politics of marital therapy. *American Journal of Family Therapy, 11* 11-24.

Jacobson, N. S. (1984). A component analysis of behavioral marital therapy: The ralative effectivenes of behavior exchange and problem solving training. *Journal of Consulting and Clinical Psychology, 52* , 295-305.

Jacobson, N. S., & Margolin, G. (1979). *Marital Therapy: Strategies Based on Social Learning and Behavior Exchange Principles.* New York: Brunner /Mazel.

Jacobson, N. S., Mc Donald, D.W., Follette, W. C., & Berley, R. A. (1985). Attributional processes in distressed and nondistressed married couples. *Cognitive Therapy and Research, 9*, 35-50.

Kelly, G. A. (1989). *Psicología de los Constructos Personales.* Bilbao: Desclée de Brouwer

Kelly, J. (1988). Long-term adjustment in children of divorce: Converging findings and implications for practice. *Journal of Family Psychology, 2*, 119-140.

Kovacs, M., & Beck, A. T. (1979). Cognitive-affective processes in depression. In C. E. Izard (Ed.) *Emotions in Personality and Psychopathology* (pp. 417-442). New York: Plenum.

Kovacs, M., Rush, A. J., Beck, A. T., & Hollon, S. D. (1981). Depressed outpatients treated with cognitive therapy or pharmacotherapy: A one-year follow-up. *Archives of General Psychiatry, 38*, 33-39.

Lazarus, R. (1966). *Psychological stress and the coping process.* New York: McGraw-Hill.

Lazarus, A. (1985) *Marital Myths.* San Luis Obispo, CA: Impact Publishers.

Liberman, R. P. (1970). Behavioral approaches to family and couple therapy. *American Journal of Othopsychiatry, 40*, 106-118.

Liberman, R. P., Wheeler, E., & Sanders, N. (1976). Behavioral Therapy for marital disharmony: An educational approach. *Journal of Marriage and Family Counseling, 2,* 383-395.

Mahoney, M. J. (1974). *Cognition and Behavior Modification.* Cambridge, MA: Ballinger.

Mahoney, M., & Lyddon, W. (1988). Recent development in cognitive approaches to counseling and psychotherapy. *Counseling Psychology, 16,* 190-234.

Margolin, G. (1983). Behavior marital therapy: Is there a place for passion, play, and other non-negotiable dimensions? *Behavior Therapist, 6,* 65-68.

Margolin, G., Christensen, A., & Weiss, R. L. (1975). Contracts cognition, and change: A behavioral approach to marriage therapy. *Counseling Psychologist, 5,* 15-25.

Margolin, G., & Weiss, R. L. (1978). Comparitive evaluation of therapeutic components associated with behavioral marital treatments. *Journal of Consulting and Clinical Psychology, 46,* 1476-1486.

Marlatt, A., & Gordon, J. (Eds.). (1985). *Relapse Prevention: Maintenance Strategies in Addictive Behavior Change.* New York: Guilford.

McKay, M., Rogers, P., & McKay, J. (1989). *When Anger Hurts: Quieting the Storm Within.* Oakland, CA: New Harbinger Publications.

Meichenbaum, D. (1977). *Cognitive-Behavior Modification: An Integrative Approach.* New York: Plenum.

Murphy, G. E., Simmons, A. D., Wetzel, R. D., & Lustman, P. J. (1984). Cognitive therapy versus tricyclic antidepressants in major depression. *Archives of General Psychiatry, 41,* 33-41.

Neidig, P., & Friedman, D. (1984). *Spouse Abuse:* A Treatment Program for Couples. Champaign, IL: Research Press.

NiCarthy, G. (1982). *Getting Free: A Handbook for Women in Abusive Relationships.* Seattle. WA: The Seal Press.

NiCarthy, J., Merriam, K., & Coffman, S. (1984). *Talking It Out: A Guide for Groups for Abused Women.* Seattle, WA: The Sel Press.

Ottaviani, R., & Beck, A.T. (1987). Cognitive aspects of panic disorder. *Journal of Anxiety Disorders, 1,* 15-28.

Padesky, C. (1986, November). *Fundamentals of Cognitive Therapy of Depression.* Workshop presented in Costa Mesa, California.

Padesky, C. (1989). Attaining and maintaining positive lesbian self-identity: A cognitive therapy approach. *Women & Therapy, 8,* 145-156.

Pagelow, M. (1981). *Women Battering: Victims and Their Experiences.* Beverly Hills, CA: Sage.

Patterson, C. H. (1980). *Theories of Counseling and Psychotherapy (3rd ed.).* New York: Harper & Row.

Patterson, C. H. (1986). *Teorías del Counseling y Psicoterapia.* Bilbao: Desclée de Brouwer

Patterson, G. R., & Hops, H. (1972). Coercion, a game for two: Intervention techniques for marital conflict. In R. E. Ulrich & P. Montjoy (Eds.), *The Experimental Analysis of Social Behavior* (pp. 424-440). New York: Appleton-Century-Crofts.

Persons, J. (1989) *Cognitive Therapy in Practice: A Case Formulation Approach.* New York: Norton.

Persons, J., Burns, D., & Perloff, J. (1988). Predictors of drop-out and outcome in cognitive therapy for depression in a private practice setting. *Cognitive Therapy and Research, 12,* 557-475.

Pretzer, J., & Flemming, B. (1989). Cognitive-behavioral treatment of personality disorders. *The Behavior Therapist, 12(5),* 105-109.

Pretzer, J., Flemming, B., & Epstein, N. (1983, August). *Cognitive Factors in Marital Interaction: The Role of Specific Attributions.* Paper presented at the World Congress of Behavior Therapy, Washington, DC.

Primakoff, L., Epstein, N., & Covi, L. (1986). Homework compliance: An uncontrolled variable in cognitive therapy outcome research. *Behavior Therapy, 17,* 443-46.

Raven, B., Centers, R.,& Rodrigues, A. (1975). The bases of conjugal power. In R. E. Cromwell & D. H. Olson (Eds.), *Power in Families.* New York: John Wiley and Sons.

Revenstorf, D. (1984). The role of attibution of marital distress in therapy. In K. Hahlweg & N. S. Jacobson (Eds.), *Marital Interaction: Analysis and Modification (pp. 309-324). New York: Guilford.*

Ritter, K. Y. (1985). The cognitive therapies. *Journal of Counseling and Development, 64,* 42-46.

Rush, A. J., Beck, A. T., Kovacs, M., & Hollon, S. D. (1977). Comparative efficacy of cognitive therapy and pharmacotherapy in the treatment of depressed outpatients. *Cognitive Therapy and Research, 1*, 17-37.

Saunders, D. (1982). Counseling the violent husband. In P. A. Keller & L. G. Ritt (Eds.), *Innovations in Clinical Practice: A Source Book* (Vol. 1, pp. 16-29). Sarasota, FL: Professional Resource Exchange.

Schindler, L., & Vollmer, M. (1984). Cognitive perspectives in behavioral marital therapy: Some proposals for bridging theory, research, and practice, In K. Hahlweg & N. S. Jacobson (Eds.), *Marital Interaction: Analysis and Modification* (pp. 309-324). New York: Guilford.

Schlesinger, S. E., & Epstein, N. (1986). Cognitive-behavioral techniques in marital therapy. In P. A., Keller & L. G., Ritt (Eds.), *Innovations in Clinical Practice: A Source Book* (Vol. 5, pp. 137-154). Sarasota, FL: Professional Resource Exchange.

Schmaling, K. B., Fruzzetti, A. E., & Jacobson, N. S. (1989). Marital problems. In K. Hawton, P. M. Salkovskis, J. Kirk, & D. M. Clark (Eds.), *Cognitive Behavior Therapy for Psychiatric Problems: A Practical Guide* (pp. 339-369). Oxford: Oxford University Press.

Smith, D. (1982). Trends in counseling and psychotherapy. *American Psychologist, 37,* 802-809.

Snyder, D. K. (1981). Marital Satisfaction Inventory (MSI) Manual. Los Angeles: Western Psychological Services.

Sonkin, D., & Durphy, M. (1982). *Learning to Live Without Violence: A Handbook for Men.* San Francisco: Volcano Press.

Spainer, G. B. (1976). Measuring dyadic adjustment: New scales for assessing the quality of marriage and similar dyads. *Journal of Marriage and the Family, 38,* 15-28.

Spitzer, R. L., Williams, J. B. W., & Gibbon, M. (1987). *Instruction Manual for the Structured Clinical Interview for DSM-III-R (SCID).* Biometrics

Research Department, New York State Psychiatric Institute, 722 West 168th Street, New York, NY 10032.

Stuart, R. B. (1969). Operant-interpersonal treatment for marital discord. *Journal of Consulting and Clinical Psychology, 33,* 675-682.

Stuart, R. B. (1976). Operant-interpersonal treatment for marital discord. In D.H. L. Olson (Ed.), *Treating Relationships.* Lake Mills, IA: Graphic Press.

Stuart, R. (1980). *Helping Couples Change: A Social Learning Approach to Marital Therapy.* New York: Guilford.

Tyler, T., & Devinitz, V. (1981). Self-serving bias in the attribution of responsibility: Cognitive vs. motivational explanations. *Journal of Experimental Social Psychology, 17,* 408-416.

Walker, L. E. (1979). *The Battered Woman.* New York: Harper & Row.

Walker, L. E. (1984). *The Battered Woman Syndrome.* New York: Springer.

Weiss, R. L. (1980). Strategic behavioral marital therapy: Toward a model for assessment and intervention. In J. P. Vincent (Ed.), *Advances in Family Intervention, Assessment, and Theory*(Vol. 1, pp. 229-271). Greenwich, CT: JAI Press.

Weiss, R. L. (1984). Cognitive and strategic interventions in behavioral marital therapy. In K. Hahlweg & N. S. Jacobson (Eds.), *Marital Interaction: Analysis and Modification* (pp. 337-355). New York: Guilford.

Weiss, R. L., & Correto, M. C. (1980). The Marital Status Inventory: Development of a measure of dissolution potential. *American Journal of Family Therapy, 8,* 80-95.

Wood, L. F., & Jacobson, N. S. (in press). Clinical applications of behavioral marital therapy. In D. H. Barlow (Ed.), *Behavioral Treatment of Adult Disorders.* New York: Guilford.

Yost-Ritter, K. (1985). The cognitive therapies: An overview for counselors. *Journal of Counseling and Development, 64,* 42-46.